—格致文库—
留给未来中国的好笔墨

# 编稿手记

李国涛 著

山西出版传媒集团
北岳文艺出版社

**图书在版编目(CIP)数据**

编稿手记 / 李国涛著. —太原：北岳文艺出版社，2016.12
 ISBN 978-7-5378-4990-6

Ⅰ.①编… Ⅱ.①李… Ⅲ.①编辑工作—文集 Ⅳ.①G232-53

中国版本图书馆CIP数据核字(2016)第304274号

| | |
|---|---|
| 书　　名 | 编稿手记 |
| 著　　者 | 李国涛 |
| 责任编辑 | 王宜青 |
| 装帧设计 | 张永文 |
| 出版发行 | 山西出版传媒集团·北岳文艺出版社 |
| 地　　址 | 山西省太原市并州南路57号 |
| 邮　　编 | 030012 |
| 电　　话 | 0351-5628696(发行部) |
| | 0351-5628688(总编室) |
| 传　　真 | 0351-5628680 |
| 网　　址 | http://www.bywy.com |
| E - mail | bywycbs@163.com |
| 经 销 商 | 新华书店 |
| 印刷装订 | 山西万佳印业有限公司 |
| 开　　本 | 787×1092　1/32 |
| 字　　数 | 149千字 |
| 印　　张 | 7.25 |
| 版　　次 | 2017年1月第1版 |
| 印　　次 | 2021年1月山西第2次印刷 |
| 书　　号 | ISBN 978-7-5378-4990-6 |
| 定　　价 | 38.00元 |

# 目录

## 编稿手记

003　贺小虎《结构美学》

004　张石山《镢柄韩宝山》

005　贾大山《赵三勤》

006　焦祖尧《在艰难中行进》
　　　——当前创作问题上的一点陋见

007　成一《人样儿》
　　　——"如食橄榄"

009　东黎《彩色的梦》

010　杨茂林《酒醉方醒》
　　　——此番"人情冷暖"

012 郑义《秋雨漫漫》
014 崔耀奎《扬雄投阁》
015 贺小虎《婚姻介绍所门外》
016 李芮《松岩口纪行》
　　——欢迎大家写散文
017 潘保安《猪八戒探亲》
018 权文学《芍药梦》
019 刘裕耀《失去的夏天》
020 梁衡《关于山水散文的两点意见》
021 蒲峻《爱听的都来听吧》
022 徐捷《农民》
023 张抗抗《都是他》
024 金马《蝼蚁壮歌》
025 孙友田《为了我们的土地》
026 权延赤《老兵》
027 徐学波《勇气》
028 李海清《蛙鼓声声》
029 雪野《为了金色的梦》
　　——诗歌处女地
030 刘作舟《我和老布尔》
031 马骏《两只羝羊》
032 徐学波《大名》
　　——向"深"处努力开掘

| | | |
|---|---|---|
| 034 | | 束为《吕梁小夜曲》 |
| 035 | | 童玉《独眼龙》 |
| 036 | | 邓兴亮《八卦滩》 |
| 037 | | 彤云《熬年》 |
| 038 | | 张石山《老一辈人·村人剪影》 |
| 040 | | 寒泉《车辚辚》 |
| 042 | | 乌人《花鸟情趣》 |
| 043 | | 陈创《乡亲》 |
| 044 | | 祁世坤《短章集·雁阵》 |
| 045 | | 吴民 孟昭德《三人行》 |
| 047 | | 陈铮 沈果孙《年轻的围棋国手》 |
| 048 | | 何亚京《晚风》 |
| 049 | | 胡正《又是元宵》 |
| 051 | | 成一《今天在春天》 |
| 053 | | 郭志一《打电话》 |
| 054 | | 王东满《步履艰难》 |
| 056 | | 蹇先艾《追忆石评梅师》 |
| 057 | | 马力《罗马、北京"130"与秦琼马》 |
| 058 | | 张成德《不断向生活突进》 |
| 059 | | 李锐《"窗听社"消息》 |
| | | ——饶有韵味 |
| 060 | | 柯云路 雪珂《收发室里的笑声》 |
| | | ——青春的笑声 |

062　王祥夫《宣德炉》
063　蔡华《墙》
064　郭政《往者不可谏,来者犹可追》
065　权文学《在九曲十八弯的山坳里》
067　许元上《为我们干杯》
069　郑录礼《老马》
　　　　——佳品三则,各有风致
070　李长胜《柏木棺材》
071　钟道新《风烛残年》
073　郭景山《胶底布鞋》
　　　　——短篇小说的正路
074　焦祖尧《胸襟》
075　毛守仁《庄稼院的婚礼》
076　春塘《起步》
　　　　——虔诚的心意
077　田东照《失掉权力的族长》
　　　　——生活浓度与思想高度
078　郭景山《炮市》
　　　　——不单为了喜庆气氛
080　马㖊《伞河》
　　　　——小小的一点新
081　徐双喜《北方、牛和雁唱》
　　　　——年轻的文友来相会

082 张颐武《中国农民文化的兴盛与危机》
　　　——请关心文学理论的发展
084 李生泉《被俘的将军和他的士兵》
　　　——具有崇高之美的传奇
086 瞿琮《在东线，有一个爱情故事》

## 文评闲说

089 重读赵树理《邪不压正》
096 剖析人物的灵魂
　　　——成一小说的艺术特色
103 老作家与后来者
105 鲁迅所钞傅山小札
107 赵树理艺术成熟的标志
　　　——读《盘龙峪》（第一章）札记
121 发现和培养马烽西戎的人
123 生活深处故事多
126 不用"英雄气概"
128 陈寅恪论《聊斋》
129 再说"山药蛋派"
140 文学要积极地反映改革

| | |
|---|---|
| 145 | 编马烽《彭成贵老汉》琐记 |
| 148 | 典型形象必须十分丰富 |
| 150 | 读《含玉儿》 |
| 152 | 读同题小说《晨雾》札记 |
| 164 | 《柳大翠一家的故事》序 |
| 167 | 经验的世界和语言的世界 |
| 179 | 读李锐新作《厚土》七篇 |
| 187 | 读谢俊杰《悠悠桃河》漫记 |
| 195 | 有趣的往事——义夫《短篇二题》 |
| 199 | 王博勤的《天桥小说》 |
| 208 | 《土地悲歌》序 |
| 212 | 编者后记 |

# 别具一格的"编稿手记"
## （代序）

汪远平

　　经一番苦心劳作，编者每当把一本新编的杂志交到读者手里的时候，心中总有些话儿要说，于是有了"编者按""卷首语""编后"之类。我以为，《汾水》的"编稿手记"是此类"编者的话"中颇具特色者。它凝结着编者辛勤的汗水和艺术的思索，它架起了编者联系作者和读者的桥梁，帮助人们对作品、对创作甘苦的理解。"编稿手记"的特色，我感到有这样几点：

　　形式活泼多样，不拘一格。"编稿手记"起于去年八月，每期发一至几则不等，至今年九月，计发三十八则。这个栏目已成了《汾水》内容和特点的一个有机组成部分，深得读者欢迎。从篇幅看，每则长的六百多字，短的百多字，大都在二三百字间，可谓要言不烦，短小精悍。从体裁看，有讲究篇章结构、又重视文采，且冠以题目的"袖珍式"论文，也有择其要者、三言两语加以评点的"编者按"；有直抒胸襟的，也有借助经典著述以论已见的，有注重论辩的，也有以散文格式出之的。从内容看，有对作品进行"浓缩"性的全面评价，也有执其一端的重点论述，有偏重作品分析的，也有引申开去的创作理论的探究，有编者劳动甘苦和编辑意图的说明，也有对作者殷切的期望，对读者热情的寄语。总之，形式活泼，有艺术的吸引力。

语言生动，富有文采。"手记"自当属评论一类，但它摒弃了一般评论文字那种呆板僵硬的学究气和令人生厌的"教训"口吻，笔者总是力图以活脱的格调和富有情感的语言来评述。可以讲，大都写得自然流畅，娓娓动听，读来使人感到赏心悦目。试举二例。在为《人样儿》所加的"手记"中写道："对不同的文学作品应当有不同的读法。正如吃东西一样，有的可以狼吞虎咽，有的则要细嚼慢咽，有的就必须慢慢品尝。吃甘蔗和吃橄榄不同。橄榄微苦而小甘，微苦在前，而小甘在后，前后皆有芳香沁人。我读成一的小说就有食橄榄的感觉。成一的小说写得深而细，其中绝少大开大合的情节，始终荡着微妙的心理的涟漪……"这段话运用形象的比喻和生动的笔调，论述成一的创作风格，是确切精当、富有说服力的。冠以"如食橄榄"的题目，形容对作品的鉴赏，更使这则"手记"有锦上添花之妙。让我们再欣赏一下为《三女拜寿》所写的"手记"吧："这篇小说怎么样？没有什么了不起。作者的情况怎么样？一个农村妇女，三十八九岁，靠工分挣饭，三个小孩，坚持创作近二十年，有时候一手写作一手抱着嗷嗷哭闹的宝宝，二十年还从来没有成功过，还一直在写。热烈而执着地追求，长久而不屈地奋斗，从失败的壁垒中突起……这需要多么巨大的力量？这需要多么深厚的爱？爱生活，爱土地，爱故乡，爱未来，爱人民……否则，一个人灵感的火花早就熄灭了！创作的高能细胞早就异化了！努力吧！靠工分吃饭的女同行！广大读者期待着您不断写出好作品。"此段运用了排比和对仗，语言铿锵有声，写得何等深情感人，宛如一首文采飞扬的散文诗。它发自编者内心深处，把真挚的期望和由衷的鼓励奉献给这位挣工分的女同行。透过这段文字，读者还可以窥见编者对文坛新秀的"热烈而执着的追求"。

要害抓得准，且有启发性。面面俱到，泛泛而论，乃是写评论一大忌。读者宁愿拜读深得要领的"只言片语"，也不肯领略一下空泛无当的"宏宏巨文"。《汾水》的"手记"是善于抓住要害处，点破作品奥妙的，犹如一位谙熟"内情"的导游者，把读者引入一个个艺术境界里去探幽寻宝。比如，写干部搞特殊化题材的，许多作品都是从"台上"干部着眼，从人们对干部的阿谀奉迎中，去反映社会风气和人情世态的。但《酒醉方醒》另辟新路，不写"台上"干部心理怎样，而写"下台"干部的心境如何，不正面写人们对"台上"干部的巴结，而是从侧面写人们对"下台"干部的冷遇，并从这"台上"与"台下"、巴结与冷遇的鲜明对照中，反映人情冷暖。对此，"手记"精当指出："这篇小说的角度新颖。它从一位生产队长落选后第一个春节，写出人情的冷暖。"这两句话就点明了此作的独创之处，无疑能增强读者的鉴赏力。如，《大同世界》通过活生生的人物形象，反映了所谓"穷过渡"的极"左"路线的流毒和危害，这是很有现实意义的，也是这个作品的成功之处。"手记"充分肯定了该文作者对这一主题思想的深化和挖掘，指出作者"大胆而形象地反映了这一尖锐的课题，从而引起人们的警惕、思考和疗救的责任感，无疑是很有意义的。"这段话引导读者从巨大的社会现实的背景上，去理解作品的思想意义。

"手记"还善于从具体作品、作家的评述中，生发开去，提出某些富有启发性的问题，给人以创作与思想的启迪。如在对《本家主任》和成一创作的评述中，提出了一个重要问题，即创作是"主题先行"呢，还是要从生活出发？进而肯定广大的习作者都应当"写自己熟悉的，或真爱或真恨的人物，写自己体验过的美好的感情，写人世间真实而动人的故事"。通过对《赵三勤》作者创作精神的赞扬，期望大家要有"呕心沥血的艺术追求"。又如，针对当前文艺创作对火热的"四化"建设生活反映较差，对英雄人物塑造不够尽心尽力的状况，编者在今年第9期为《火警》加了一则很有意义的"手记"，适时而尖锐、热情而恳切地提出："在我们社会主义社会，在当前大搞'四化'的生活中，新的英雄人物还是层出不穷，革命英雄主义还是不时迸射出灿烂的火花。写他们的小说少了怎么能行呢？只要写得真实生动，入情入理，说没人喜欢看怕也很不尽然。于是乎，笔者很想在此鼓吹一下。"这意见多么中肯，对密切作家与生活的联系，增强文艺的战斗性，不能不说具有现实指导意义。即使对某些具体的表现手法的肯定，也不是"就事论事"，简单说个好与赖，而是能够有所引证阐明，使论述活泼有说服力，留给思考的余地。为《人过兴旺峪》所加的"手记"中，对"疏可走马，密不透风"的创作"诀语"的议论即是一例。

作为读者，我期望"编稿手记"办得更好，也有点肤浅想法。首先，似可更充分地发挥编者的"优势"，即编者创办"手记"栏目伊始所云："由于编者对原稿反复阅读，又同作者常有交往，因此，这些意见对作者读者可能有益处。"当然，许多编者本人也是搞创作的，对创作甘苦有切身体验。应当说，就一般读者而论，是没有这个"条件"的，假如充分发挥编者的这些"优势"和条件，多讲一些读者或作者想讲而讲不出、想知道而不得而知的内容，定然会受到格外欢迎。如作者的创作经历及对作品的自我评述，编者对作品的认识、鉴赏和修改过程，编者与作者之间的艺术"交往"和磋商，读者"事后"的反映，以及编者的意图和要求等等。当然，对作品艺术得失的评论也是很重要的，但这种评论若是渗透着上述因素，那就会具有"局内人"所独有的特色，而显得更为真切透彻了。

其次，似可适当照顾点各种文体的作品和各种行当的创作，从而调动各方面作者的积极性，满足具有不同艺术趣味的读者的要求。三十八则"手记"中，就有三十则是为小说创作而发的，余下几则分到各种体裁作品门下，只能权作点缀而已。自然，小说可作为重点，但也应"以此为'主'，兼顾别样"。或许有人会说：某某类作品没啥好东西可评。此言差矣。"手记"的宗旨虽以表扬为主，但并非一味赞扬。好，有好的写法；差，有差的写法。况且，人们既想知道"应当这样写"，也希望了解"不能那样写"。有时，恰恰因为某方面创作基础薄弱，更待扶持呢！

其三，是否可以借助"手记"渠道，活跃活跃创作思想与创作评论呢？除个别者外，"手记"总是以肯定而明确的语气来评价作品的，态度鲜明，这很好。但是不是都一定要这样做呢？对一个作品的评论，对一个问题的看法，发表明确的肯定性意见，于读者有益；若是提出一些不同看法或提出富有思考价值的问题。引导人们自己去思索，去寻找正确答案，不是对读者也很有帮助吗？比方说，是否可以在"手记"中透露点读者对"手记"本身的看法。或发点对"手记"的手记式短文？赞成的可讲，不同意见者说说也无妨。如提倡这样做，读者不仅对作品仔细看，对评论作品的"手记"本身也会要琢磨琢磨一番的。此风一形成，岂不妙哉？此外，"手记"的版面安排最好能考虑到作品内容与作者用心。如有的作品就巧在构思上，巧在那"出乎意料"的情节安排上。但编者却把点破这奥妙处的"手记"置于作品卷首，读者拿起作品来，视线自然而然地先落在了"手记"上。结果，那扑朔迷离、引人入胜的关键情节或悬念让读者"先知先觉"了，于是，那本来只有在边阅读、边推测、边判断中才能获得的艺术快感大大削弱了。所以，这类"手记"还是置于文后为好。

人们把编辑喻之为无名英雄，确有道理。他们默默无闻、勤勤恳恳"为他人作嫁衣裳"的劳动创造精神，是值得人们表示敬意的。我衷心期待着"编稿手记"这朵花，在即将由《汾水》改名为《山西文学》的这片艺苑里，开放得更鲜艳！

原载《汾水》1981年第12期

# 编稿手记

# 贺小虎《结构美学》

很高兴地编完贺小虎同志的这篇小说。很久不见这类风格的作品了,自己就觉得很新鲜,编完以后像从一个很美的环境里走出来,心旷神怡。

这篇小说采用浪漫主义的手法,以比较浓烈的传奇色彩写成。作者以自己青春的热情,歌颂爱情,歌颂忘我的事业心,赞美生活中的美好事物,而鞭挞了欺骗与自私。

贺小虎同志以前写的作品多用写实的手法。近来他换一种色调,读来相当有趣。鲁迅谈到唐宋传奇时,说那些作品的特色是以"文采与意想"取胜,用现在的评论语言说,就是绚丽的笔调和丰富的想象。

无论古今中外,"文采与意想"都是很大的优长之处吧。

望成

原载《汾水》1980年第8期

# 张石山《镢柄韩宝山》

编完张石山同志的这篇小说，再回想他以前写过的作品，觉得一位青年作者还是多学几副笔墨好。张石山写过《大车王忠》《第三次会面》，那是写工人生活，用的是刀砍斧削的硬笔头；近来在《上海文学》发了《最后的冲刺》，写运动员的生活，用一副抒情写意的笔墨。这篇《镢柄韩宝山》是写农村生活的，又带有"山药蛋派"的意趣。张石山的生活面较广，三教九流都略知一二；写各种生活又采用不同的路数。作为练笔也好，作为驾驭各类题材的艺术手法也好，这都是有益的。

小说的路子多不胜举，何止十八般武艺。青年作者量力而为，练不了十八般也练他三招五式，有何不可！或曰：这会不会影响形成固定的风格。我看不必担心。自古以来，凡有独特风格的作家，倒总是有多种笔墨的。对青年作者说来，囿于一种笔墨，反倒不利于艺术才能的发展。

祝文茂

原载《汾水》1980年第8期

## 贾大山《赵三勤》

这篇《赵三勤》，短短五千字，写得妙趣横生，人物活灵活现，使人一读之后，必欲终篇。

读贾大山同志的手稿，编者感到很愉快。首先，笔迹工整清晰，没有一点草率的痕迹；再读文字，朗朗上口，分明是经过苦心推敲的。熟悉贾大山的同志说，贾大山每写一篇小说，总是多次修改，以至能够通篇背诵。这种一丝不苟的精神，值得提倡。

以前听说赵树理同志能背诵二三十年前写出的小说和剧本。近来读孙犁同志的《文学和生活的路》，他在文章中写道："一篇短稿改来改去，我是能够背过的。哪个地方改了个标点，改了个字，我是能记得的。长篇小说每一章，当时我是能背下来的。"孙犁同志深有感慨地说："搞文字工作，不这样不行。我曾经把这个意思，给一些青年同志讲过，有的青年有兴趣，有的没有兴趣。"我想，对这种呕心沥血的艺术追求，每一位有志于写作的同志都应当"有兴趣"。贾大山同志近几年来踏踏实实地前进，取得很好的成绩，引起读者的注意，大约是同这种"兴趣"分不开的吧。

祝文茂

原载《汾水》1980年第9期

# 焦祖尧《在艰难中行进》
——当前创作问题上的一点陋见

作家谈创作的文章，读者是爱读的；因为那些文章是切身体会，大都写得亲切而生动。作家之间关于创作问题的通信，读者尤其爱读；因为这些通信较少拘束，任意而谈，信里有商讨与探索，有感慨与希望，以及苦恼、规劝及争论。他们的通信里也常常谈到自己正在从事的写作或者今后的打算。读者对作家们的这些思考、这些动态，都是很有兴趣的。作家之间所谈的这些具体问题，对广大作者也会有启发。

这里发表了焦祖尧同志致成一同志的信，我们希望广大作家、作者、诗人、评论家，也选出你们的有关创作的通信在这里发表，以飨读者。

望成

原载《汾水》1980年第9期

# 成一《人样儿》
## ——"如食橄榄"

对不同的文学作品应当有不同的读法。正如吃东西一样，有的可以狼吞虎咽，有的则要细嚼慢咽，有的就必须慢慢品尝。吃甘蔗和吃橄榄不同。橄榄微苦而小甘，微苦在前，而小甘在后，前后皆有芳香沁人。我读成一的小说就有食橄榄的感觉。

成一的小说写得深而细，其中绝少大开大合的情节，始终荡着微妙心理的涟漪，然而并不晦涩。只要在开始的几段你掌握住特定环境中的人物特征，稍微细心地体察一下，平凡的农村生活中的情趣便会吸引着你。就以《人样儿》而言，其中的主人公杨甲元是个光棍儿。农村中的光棍儿被人瞧不起，他们自己在人前也觉得抬不起头。粉碎"四人帮"之后，农村经济好转，光棍儿订了婚。

这篇小说就是写杨甲元订婚以后的喜悦，这种喜悦浸润在全部的情节和细节中。小说一开头："咦，饭食还会给人以这样的愉快哩！"这就只有光棍儿，特别是穷光棍儿（在农村，穷和光棍儿总是相连的），所能产生的感觉。小说的深刻之处在于写出杨甲元自觉有了"人样儿"，感到他同周围的人站在同样的高度。他对彩云的恶作剧，表现了光棍儿的略有变态的心理，然而由恶作剧又变为慷慨助人、热肠古道，则显示出劳动者的美好品质。后来接着"政策又紧呀"一场虚惊，使杨甲元几乎立刻失去"人样儿"。这段似乎笔墨略繁，然亦耐人寻味。

成一很喜欢鲁迅的小说。这篇作品心理刻画的深切，很近于《肥皂》里对四铭心理的发掘。成一并无意采用意识流的手法，而在捕捉人物瞬间的心理反应上，他以其特有的敏锐，却可以得到类似的效果。

望成

原载《汾水》1980年第10期

## 东黎《彩色的梦》

  读者大约会感到这篇小说写得很清新,对儿童的心理也表现得比较深切。作者是一位二十一岁的女学生,童年的生活对她说来似乎尚未完全过去,记忆是新鲜而生动的,移到纸上并不觉得吃力。现在她读书、写作都很勤奋。希望她继续努力,并且在生活上也开阔眼界,注意积累,珍惜这个良好的开端,向高处作艰苦的攀登。

望成

原载《汾水》1980年第10期

# 杨茂林《酒醉方醒》
## ——此番"人情冷暖"

杨茂林同志是一位老作者,他在短篇小说的创作上经过好长一段停顿之后,写出了《酒醉方醒》。读后,觉得很有余味。

这篇小说选材的角度新颖。它从一位生产队长落选后过第一个春节,写出人情的冷暖。"人情冷暖",这是句老话,在漫长的旧社会里它凝聚了许多令人心酸、令人感慨的炎凉世态。在这篇小说里,在节日的气氛中,队长董明理就深有这种感触。但是,此番"人情冷暖"又毕竟有我们这个时代的新内容。冷,冷得有原因;暖,也暖得有道理。一冷一暖之间,就使这个当了队长就飘飘然,就醉醺醺,就一副冷面冷心,把大家给的权力"像枣糕一样,一刀一刀地零卖给个人"以换取自己利益的队长,醒了过来。落选之前之后,他尝到了冷与暖。在不同的人们之中,他也尝到了冷与暖。后一点,对他的教育是尤其深刻的,对读者的感染也是尤其深刻的。

春节一大早,落选队长遇到几个人、几件事,虽是日常琐闻,却耐人咀嚼。老风习,新气象,旧意识,新感情,交织在一起,构成的生活画面很真实,很细致,很动人。读者在浓厚的生活气息中，感到时代前进的步伐。

　　《酒醉方醒》，这题目也好。我们希望，尚在酒醉之中的人们，快快醒来吧。

徐漫之<br>原载《汾水》1980年第10期

# 郑义《秋雨漫漫》

这篇小说，读起来令人痛苦、愤慨，又使人惊起、振奋。

十年极"左"的浩劫及其余威，使多少霉菌得以在红旗的遮掩下滋长，使多少断肠之声被掌声和欢呼声压下。从这个历史角度看，这篇小说有可贵的真实性。

真实，未必一定要蘸着生活里的血迹去染红稿纸。小说写到地里青玉茭上的啃咬的痕迹、社员瓮里白面上的巴掌印，说明了饥饿、屈辱，说明极"左"路线的罪恶，那艺术的力量远胜某些作品中的淋漓的鲜血。

靠谎报产量、夺民之食而发迹的县委书记刘番成，这个形象在我们的文学作品中还是不多见的。这是那个特殊历史时期所产生的怪胎，作者在这个人物身上很有几点传神的笔意。这个人物终于没有完全忘记哺过他奶汁的老人，似乎天良未曾全泯，作者给他留着可以救药的希望。

张二堂这个人物令人肃然起敬。他只愿作黑牛河里的大石头，要在浊浪翻滚中"碰一碰"。夸大一点，我们称他为"中流砥柱"，也无不可吧。

作者是很有才华的青年，写过《枫》和《吴小梅》，都颇得好评。这篇小说在艺术上似乎还不够精细、匀称，但相当深沉有力，看得出作者正向一个新的领域开拓，向一个新的高度前进。祝他成功。

祝文茂<br>原载《汾水》1980年第10期

# 崔耀奎《扬雄投阁》

扬雄投阁的故事，史籍有载。作者钩求史书，又加以艺术的构想，乃使一位古人生动地站在我们面前，诉说着自己的欢乐、苦恼和向往。当时的政事、学术、人情、世故，也在小说中化成一些真实的古代生活场景。这是很不容易的。作者写历史题材又应用了新的艺术手法，写人物的意识流动、情感起伏，颇为深切细致；对人物音容笑貌的勾勒，又简练而准确。所以，读起来津津有味，不但使人得到艺术的享受，而且也使人增长知识。这样的小说读者会欢迎的吧。

崔耀奎同志是我省的老作者，1957年被错划为右派，蒙冤二十多年，失去创作上的美好年华。现在他锐气不减当年，继续文学上的探索，精神可嘉。我们相信他一定会写出更多更好的作品。

徐漫之
原载《汾水》1981年第 2 期

## 贺小虎《婚姻介绍所门外》

去年，张石山、贺小虎两位的小说在本刊第八期同期刊出，都受到读者的欢迎。这一期很凑巧，两位的小说又同时被选用。张石山的《盗墓者与令狐》有比较充实的生活内容，写得紧张引人，如果说略有一点恐怖之感的话，那是题材本身所具有的特点。你想，一个生命力旺盛无比的青年人突然被活埋到不见天日的深土层里，怎不使人恐怖呢？然而就在这黑暗、幽深、窒息的土层里，他一面孤身奋斗，一面回顾自己作为"弟兄们"头儿的一生，他觉出生命的意义所在。小说就写到这里。这里面有很深刻的心理描写，留给读者很多的余味。

贺小虎的新作《婚姻介绍所门外》构思新巧，情节有趣，很有几处能唤起读者会心的微笑。里面激荡着青春的热情和欢乐，这是贺小虎小说里常有的。在内容上稍觉单薄，或可说是这篇小说的缺点。

祝文茂

原载《汾水》1981年第2期

# 李芮《松岩口纪行》
## ——欢迎大家写散文

散文可以写景,可以叙事,可以言情,也可以说理。写起来可长可短,较为随意自如。散文的名篇,古今都不少。当代的大作家,也都写过一些脍炙人口的散文。此不赘述。

读者是爱读散文的,可惜我们向读者提供的很少。我们没有在这方面下力气组稿,是工作中的缺陷。今后欢迎大家多为我们写点散文,用各种风格反映各方面的生活,从国家大事到花鸟鱼虫,从书林艺海到人情世俗,只要能移情益智,均受欢迎。

望成

原载《汾水》1981年第2期

## 潘保安《猪八戒探亲》

《西游记》里的猪八戒和孙悟空，在我国是尽人皆知的。这些虽是神魔小说里的形象，实乃世间众生的化身，带有浓厚的人情味。七情六欲，无所不备；而历经诸难，矢志不移。所以，人们是喜爱他们的。

这篇小说以猪八戒为主，兼写了孙悟空和沙僧这二位弟兄。20世纪70年代末，猪八戒重返高老庄。乍入红尘，颇感沧桑。作者把这一段故事写得诙谐有趣，多有令人喷饭捧腹之处。而对当时生活中的不正之风，又给以针砭，这使读者感到此作也并非仅仅为了博得一笑。难得的是，学《西游记》口吻，也还相像；述猪八戒声貌，亦且传神。

作者潘保安同志前年发表了《老二黑离婚》，很受读者欢迎。这是他在本刊发表的第二篇小说，对这样的写法，偶尔为之，读者也许会有新鲜之感吧。

祝文茂
原载《汾水》1981年第3期

# 权文学《芍药梦》

一个七八千字的短篇需要多少细节呢？数目难说，但精彩的有一两个就可以了。这篇小说里，杨芍药羡慕特权，一心巴望男人能当队长。男人一旦当上队长，她也把一向对他的称呼"活死人"，升格为干部们常用的称呼"老杨"。一连几声"老杨"，使"活死人"张皇四顾，不知她在唤谁；等他知道以后，又感到浑身难过，消受不起。这一个"老杨"的称呼，使两个人物增色。再者是队长夫人到菜园里买菜也要付钱的那一场，明写了杨芍药和四孩，却也暗写了那个能干的"老杨"。你瞧，有这么两个细节，人物不就有些眉目了吗？

韩信用兵多多益善，在文学上不适用。岳飞主张兵在精而不在多，在创作上倒是可取的。

望成
原载《汾水》1981年第3期

# 刘裕耀《失去的夏天》

《失去的夏天》写了一次破裂的爱情。青年人的初恋，如此深情而引人，然而最后是一个痛苦的结局。这篇小说处理这个题材不落于目前常见的程式。作者没有写政治的干扰、门第的影响，或坏人的调唆、强者的抢夺。不，作者选择一条比较困难的路。作者从生活出发，体察到某种爱情的本身存在着破裂的因素，而不是由于某一方的不忠诚、不负责或品质上的严重缺陷所造成。他和她都是很好的青年。他们互相的爱也是真挚的。但是，性格和教养，习惯和趣味，这方面差异太大了。在开始时，他们难以察觉出这一点，这是不能责怪他们的。稍稍经历一段，稍稍冷静下来，他们互相都看清了这一点。终于，他们分手了。

痛苦吗？痛苦。虽然悲剧总使人痛苦，但痛苦的却未必都是悲剧。当我读到小说的结尾时，毋宁说我为这一对爱人的分离而高兴，同时相信他们各自会遇到更美满的爱情。我很喜欢他的那句话："垄沟是长长的，笔直的，他必须割到头。"宽广的生活道路展现在他们面前，前程无限！

祝文茂

原载《汾水》1981年第4期

# 梁衡《关于山水散文的两点意见》

读梁衡同志的这篇评论，有耳目一新之感。作者确是有感而发，且是积学而成。听他侃侃而谈，令你频频领首。他写得有道理，有根据；这道理和根据又是他个人的领会和发现，不是人云亦云。这就叫有内容。作者笔下又很有文采，不能说是"行云流水"，但可谓毫不枯燥吧。——这也就不容易。

我喜欢读这样的评论文章。评论文章应当文情并茂，有艺术性，并且可以有作者个人的风格。我国文学理论的宝库中，多的是这样的文章，它们本身常常就是灿如珠玉的漂亮的散文。

当然，我不是说这篇文章就好到哪种程度。我是希望写评论的同志们，都向这个方面做些努力。

望成

原载《汾水》1981年第5期

## 蒲峻《爱听的都来听吧》

近来接到几封农村青年读者的来信，希望刊物多发一些反映农村青年生活的作品，当然也包括农村青年的爱情生活，现在，把《爱听的都来听吧》推荐出来，我想，"爱听"的也许不单是农村青年。

这篇小说写得活泼多姿，正像一开篇那雪花儿的飘落，那么高兴，那么自如。就在这一场纷纷扬扬的雪里，织进一对青年的身影，开始了故事。也许只要你读下十行八行，你大约就要读到底，"听"到完。故事很单纯，内容也不算很丰厚的。但是山村青年人，那种纯洁的心地，高尚的情操，却表现得很生动。未婚青年对爱情的向往，在追求爱情时的迷惘，以至一些怨愤的心理，也都写得亲切。不多的一些对话，饶有情趣，尤其结尾时那一对恋人的对话，可以说是很有性格的。

青年读者反映，希望看到农村生活的各方面，尤其是在建设新农村中青年人的作为。我想，如果以蒲峻同志的这种笔意去写那方面的生活，一定也是很出色的。朝气蓬勃，充满活力，追求着事业和爱情的青年人的生活，是作家笔下的无穷无尽的题材呀！

祝文茂

原载《汾水》1981年第5期

# 徐捷《农民》

　　《农民》和后面的一篇《公社行》都是短短三五千字的小说。但是也能比较深刻、比较生动地反映农村生活的一个小小的侧面，一段小小的插曲。人物各具特色，不落窠臼。读了以后使人感到，这是从生活中来的，的确带着生活的脉搏。

　　当前农村生活十分活跃，新鲜事物层出不穷，旧的观念、旧的感情，在被取代。广大的文学作者应当到这个无边广阔，无比丰富的海洋里去探宝取珠。在艰难困苦中蒸蒸日上的农村新局面，一定会使作者激动不已，请把你们的激动，用艺术形象传达给广大读者吧。《农民》里那位年轻队长的苦恼和欢乐，《公社行》里那位老农的委屈和谅解，都是那么真实，那么深沉，又那么富于时代气息。读者一定会欣赏的。

　　我们欢迎这样新颖的，短小的、富有生活气息的小说。

祝文茂<br>原载《汾水》1981年第6期

# 张抗抗《都是他》

我们在这一期开辟了"儿童园地"这个栏目，向孩子们贡献一点礼物。我们还发表了《小学生》编辑部的一篇文章，表示对他们的意见和对他们的工作的支持。多给儿童一些读物，这当然是每一个文学刊物都应当尽力做到的事。我们以前做得不够，发表这方面的作品少，质量也不高。这一期我们努力去做。发表出来的作品，孩子们也许会喜欢的吧？我们希望能这样。请孩子们做出评判吧。"儿童园地"不光第六期有，今年年内我们还将努力再办一期。

徐漫之

原载《汾水》1981年第6期

# 金马《蝼蚁壮歌》

第八期我们发表了几篇短小精炼的散文,由于言之有物,情真意切,得到读者的好评。本期又发了四篇,内容也都十分充实,想来读者会喜欢的。

特别想推荐《蝼蚁壮歌》这一篇。这是写蚂蚁生活的,真是饶有趣味。成年人爱读;如果成年人介绍给孩子们,他们一定更为入迷。这样的知识性很强的散文,写起来颇为费力。它要求作者有比较丰富的知识,又有很强的艺术想象力,再以明丽的语言表现出来。这种类型的散文,近来看到的不多。我们欢迎这样的散文。

祝文茂<br>原载《汾水》1981年第10期

# 孙友田《为了我们的土地》

这三首诗很动人。

这三首诗，写的是化肥厂、拖拉机厂；这里面甚至写到某些生产过程，用到一些技术性的词语。但是，却充满多么浓郁的诗意啊！诗意蕴藏在生活中，它等待诗人的眼睛去发现。生活无限，而诗人的眼睛却是难得的。这就要求写诗的人，努力去练出一对"火眼金睛"，从生活中探寻诗意。喜欢写诗的青年同志要在这方面多做些研究。

徐漫之
原载《汾水》1981年第 10 期

# 权延赤《老兵》

　　权延赤同志在《汾水》上发的短篇小说不算太多。但是，《于如波》《花儿为什么这样红》都留给读者很深的印象。

　　权延赤同志的小说总带着一股战士的激情，然而这种激情——正因为是战士的——又总是不轻易外露。小说的点题之笔常在结尾，激情也在那里表现。这结尾呢，又常出人意料，使读者在平凡的生活中受到震动，看到部队生活内部的革命传统、同志情谊，以及对党的事业的忠心。像我这样完全不熟悉部队生活的人，读权延赤的小说之后，也好像到部队里去生活了一阵，结识了各级干部和普通战士。我喜欢读这样的小说，我估计许多读者都爱读的。

祝文茂

原载《汾水》1981年第11期

# 徐学波《勇气》

编完这篇稿子,我翻一翻去年十一期以来所发表的短篇小说,一共八十四篇。这八十四篇小说里,属于青年作者的处女作的,竟有十三篇,大约占百分之十六。说起来,这也算是一个不小的比例。在《新苗与园丁》栏内发表的共四篇,同期都有介绍,兹不多言。其他九篇都怎么样呢?敬告读者:都很不错,或者可以说,很好。举例说,这些处女作中,第2期《人过兴旺峪》(赵二湖)、第四期《爱听的都来听吧》(蒲峻)、第八期《祭妻》(张平),都分别为《小说月报》和《小说选刊》所转载。广大读者大约不知道这几位作者原来都是第一次在公开出版的刊物发表作品的。

以上所说,是1981年的情况。以前的每一年,本刊发表新作者作品的情况,也大体如此。其中有一些作者,经过几年的努力,已经很有些成绩了,大家都熟悉他们和他们的成名之作了。"汾水"是一条小小的河流。看到有许多作者从这条小河里初露头角,以后又游向大江大海,化为长鲸巨鳌,作为编者,真是高兴。面对这情况,赞一句"很好",也是情不自禁,想来读者不会责备吧。

徐漫之

原载《汾水》1981年第11期

# 李海清《蛙鼓声声》

作者李海清今年三十一岁，太原郊区五府营大队人。五府营一带在太原郊区也算是一个小小的"天府之国"，李海清是在稻花香里长大的。他发表不多的几篇小说和散文，都清新淡雅，那情趣、意境，同作者的生活经历是很有关系的。他在艺术趣味上偏爱孙犁、茹志鹃、贾平凹等人的作品，所以笔下就带着那样的色调。他说，他喜欢把生活里美好的东西告诉别人。是的，我们感觉得出这种意图。

李海清现在担任着有三百多户人的五府营大队队长，工作够忙的。业余时间他读了不少书，积极参加太原南郊区创作小组的活动。他开始写小说在1978年，到现在不过三年，进步很快。希望这样的作者大批涌现，并且不断前进。

祝文茂

原载《汾水》1981年第12期

## 雪野《为了金色的梦》
### ——诗歌处女地

  在这一栏里我们发表了几位青年的处女作,大都短小、精练,也很有情趣。不过似乎也可以看到一个共同的问题,就是:这些诗都在咏叹一点比较细小的事物或朦胧的感情。在手法上,多用象征、隐喻。所以总的说来,格局较小,真像一盆盆文竹一样。比起本期发的其他一些诗作,生活的容量、思想的深度,就差了一些。我一方面把这些诗编起,一方面也写下这点感觉,不知道对不?请读者和青年作者们参考,希望以后写得更有分量。

望成
原载《汾水》1981年第12期

# 刘作舟《我和老布尔》

作者刘作舟同志已近中年，是一位地方报纸的记者。记者的眼界宽，识人多，对生活的观察比较敏锐。他过去毕业于大学中文系，文学方面已有相当的基础。因此，去年写了第一篇小说《穿时装的姑娘》，发表在《汾水》第九期，颇得读者好评。这里发表的是第二篇小说。

读者读这篇小说时，会感到作者的激动。这种激动出自对生活的热爱，出自对我们党的信任，出自对当前困难的清醒的估量和克服它的勇气。读完它，有感于心的，大约不止于当过教师的和当过学生的人吧，各条战线的读者大约都会有同感。这正是作品力量的所在——它激起各类读者共同的感情。小说里写的是：教师不忍离开自己的学校。同样，医生眷恋着医院，工人热爱自己的车间。生活中有不平，有悲哀，有愤怒和烦恼，最后，都被那种对事业的爱所压倒。这才是新人物的风貌。

作者的笔调流畅而幽默，对人物的勾画也准确有力。我相信他今后还会写得更多、更好。

徐漫之

原载《山西文学》1982年第1期

# 马骏《两只羝羊》

这是一幅绝妙的雁北农村风情画,风趣、幽默,同时又是当前这段生活的历史剪影,鲜明、清晰。全篇真实自然,毫无一点编造的痕迹。像生活本身一样,处处充满矛盾,摆在新任队长面前有无穷的难题,也像生活本身一样,处处充满希望和欢乐,在新任队长面前展现无边的远景。作者在风沙漫天、穷困艰苦的塞北,为我们描出雁门关外生机蓬勃的画面。我们感谢他。

作者马骏同志的语言功底很不错,对生活也熟悉。近来他在结构故事、寻找角度方面,有了新的进步。人物写得很活,细节生动,对话也俏皮而不油滑,颇有分寸感,使人一读便不愿放下。去年作者在本刊第九期发表了《末品官儿》,反应很好。这一篇是以那篇的"旧人"来写的一件"新事",可以说是上下篇,然而各自是独立的。

望成
原载《山西文学》1982年第2期

# 徐学波《大名》
## ——向"深"处努力开掘

编了徐学波的这篇《大名》,我很兴奋,止不住要写下几句。

常看本刊的读者也许还记得,去年十一期上有一篇《勇气》,就是这位作者写的。当时,编入《新苗与园丁》栏里。现在的这篇,当然仍应算是"新苗",但是,却是一株眼看着往上蹿的新苗。

我很欣赏这位作者向生活的深处努力开掘。难得他在极平凡的生活中看到不平凡的方面,在细微的小节中看到劳动者的崇高和自尊。请想一想,在极熟识的同伴之间,喊一声小名或称一声大名,有什么关系呢?是的,没有关系。但有时,却有关系,使人认真争辩,严肃"正名"。这表明我们生活的严肃的一面。而小说始终用了幽默的调子,使人微笑终卷。

鲁迅说过,"选材要严,开掘要深"。向生活的深处开掘,首先要选到值得开掘的材料。这篇小说选材就不随便,很"严"的。不是什么重大事件,然而决非琐屑扯淡的无聊事。写得也颇得法,开头几句闲闲道来,从容有趣。以后写到队长和科长的大名和小名,你以为是顺笔举例吗?不是,是很有用的伏笔,在结尾时才显出作用。写袁师傅是重点。先写"聋子"的小名广泛使用，以致使他的大名无人知道，他自己也不知道自己是"袁师傅"。这是很好的铺垫。于是，结尾的一场"正名"之争，就显得很有声势，使读者受到震动，看到一个普通劳动者的崇高的灵魂。

小说选材严，思路又清晰，所以笔墨就经济，才两千四百字。在文学作品"长"风难止的情况下，这是特别值得提一提的。

不过，这一则"编稿手记"却写得太长了。

祝文茂

原载《山西文学》1982年第2期

# 束为《吕梁小夜曲》

这一篇散文写得明丽清新。四十多年前亲历的战斗生活,在一位老作家的头脑里不知作过多少次萦回盘绕,现在凝成充满诗意的文章。这种文章,也许随着岁月的奔流,将越来越不易见到,因此也显得弥足珍贵。

在经历这段生活的时候,作者还是二十来岁的青年。在那一代青年的脚下,关山万里,风啸雪舞,什么困难都不在话下。在那一代青年的眼前,寒星晓月,迷雾落霞,都有其不寻常的意义。今天的青年读者读起来,应当是十分新鲜的吧!老同志读后,重温旧课,也会感慨系之的吧!

束为同志搁笔将近二十年了,现在写起来,文采情思都不减当年,而且作品中充满青春的气息。作为一个编辑,读到这样的作品,我是十分高兴的,愿他的新作会不断送到《山西文学》的读者面前。

徐漫之

原载《山西文学》1982年第3期

## 童玉《独眼龙》

童玉是一位新作者,这是他的第一篇小说。原来想把这篇小说编入"新苗与园丁"栏内,但是"新苗"很多,而栏目的容量有限,所以就在这里发表了。

作者的笔调很灵活,写人物很有风趣。短短三四千字,截取一个横断面,处理得干净利索。一开场于家富独坐十字路口的神态,写得很有味。当然,观察生活还不够深沉,主题的表现也较浅。从手法上说,于家富借检查、补带、打气等工序向李永光要钱,总是同样的过程,缺少一点变化,就给人单调的感觉。

望成

原载《山西文学》1982年第3期

# 邓兴亮《八卦滩》

我特别向青年读者推荐这一篇。

这是一位新作者的新作品。其中所写的生活，有很大一部分是作者亲身经历过的，因为他曾在一个农场工作过。

小说里提出生活中的矛盾，反映青年一代蓬勃向上的热情。细节很生动，使小说获得真实感；写景也很有几笔明艳之处，把青春的感情寄寓其中。里面写到的歌词和某些对话，年轻人读起来会发出会心的微笑吧？

不过这位青年作者对生活的复杂恐怕估计不足，把斗争的胜利写得太容易了一点。当然，在局部的问题上，这也许不是不可能的。读者还是会为这样的结局感到高兴。

作者的生活底子较厚，写作的热情很高，希望他继续反映这方面的生活。

望成

原载《山西文学》1982年第9期

# 彤云《熬年》

《熬年》这位新作者一出手就写得很不一般。首先是真实。人物生活的环境正是当前煤矿工人所处的环境，没有美化，也没有为了追求效果而把它写得离奇可怕。人物呢，也是活生生的。杨树根这个老矿工很可爱：淳朴的气质，严格的自我要求，克己奉公，都在平凡的生活中透露出来。但是，又不是简单化的赞扬，不是罗列好人好事，难的是写出了他的内心世界。整个小说是朴素的、扎实的，有一种内在的力量，——这正是生活力量的反映。

作者是一位煤矿工人，他熟悉自己的伙伴。我们希望更多的同志去熟悉矿工，描写矿工。我们不只需要个别的作者，而是需要组成一支反映煤矿生活的创作队伍。我们以往的基础不错，现在也还有潜力。问题在于组织，我们相信这支队伍会很快形成。

徐漫之
原载《山西文学》1982年第9期

# 张石山《老一辈人·村人剪影》

　　以前有的评论文章曾经指出,张石山这位青年作者,生活面比较宽,三教九流,都略知一二;艺术的路子也比较多,能运用几副笔墨。这篇《老一辈人·村人剪影》,写的是农村生活,就很有点"山药蛋派"的味道。

　　这里面写的几位老人,都是一母所生。所谓"一母生九子",各有各的不同。说起来是一句话,要真写出来就不是容易事。还好,这一篇里面的老一辈子人都各有比较鲜明的个性。

　　写的是老一辈人,许多情节都是往事。但是这些人又都健在,都生活在三中全会以后的农村。因此,这些人物又无不带有今天的光彩。性格是以往几十年的岁月铸就的,可今天的日月又在他们身上折射过来。我们不妨把这种特色称作人物的历史感。艺术形象有了这么一点历史感,就说明作者对他们的理解、把握,还是比较准确的。赵树理创造的许多农村人物都有很强的历史感,我觉得,似乎张石山同志从中体会出一点门道。

　　这篇小说的语言沉稳有力,不卖弄,但很有波俏之处。用这种语言去写乡风里俗、村人旧家,增强了作品的地方色彩;通俗而不俗气,幽默而不油滑,语言和它所表现的对象融合无间,这是很使人满意的。

这样的小说，不论作者的主观意图如何，似乎可以说，给"山药蛋派"的发展增加了新的力量。

作者给我说过，在"老一辈人"之后，往下写两代人。我觉得这个设想很不错。但我也有一点担心，就是：作者小时候在农村生活，所以熟悉，近些年同农村的关系不是十分密切了。我想，他该去充实一下生活。不过，已经取得一定写作经验的作者，他自己一定比一个普通的编辑更了解自己。不必担心，等着看下一篇吧。

祝文茂

原载《山西文学》1982年第9期

# 寒泉《车辚辚》

这篇《车辚辚》出自一位新作者之手,但是很有点看头。主题不算新颖,表现也不能说很深刻。可是,选材的角度还是比较好的。它从一位回乡探亲的干部的眼光,看农村近年来的变化。所取的事件也很普通,很平常,就是——借车。可是就艺术上看来,这点小事又有相当的"容量",可以纳入作者所感受到的生活。因此,让读者感到小小的事件,短短的篇幅,倒是写得挺充实的。

当然,作品要写得充实,光有角度和事件还不行,还要有比较得力的细节。这篇小说写夫妻会面、乡亲交谈时,人物的言谈、动作,都很有生活情趣,很生动。还有一个特点,是从开篇到结束,都贯穿人物的内心活动,这种活动是由妻子、乡亲们的言行引起的,颇为委婉入微,耐人体味。妻子的形象也刻画得很清晰。

一位新作者,写出这样一篇,是令人高兴的。不过也应当实事求是地讲一讲,就是原稿比现在要拖沓得多,尤其是对于这位探亲干部同乡亲们之间的关系,把握得不准确,使小说逊色不少。经过责任编辑的一番删削、润色,作品才成为这个样子。

常常见到一些新作者,开手写了一两篇作品之后,就难以为继了。这原因是多方面的。我们希望寒泉同志继续努力,能不断有新作出现。

祝文茂
原载《山西文学》1982年第10期

# 鸟人《花鸟情趣》

这篇小说,写一个人物侍弄鸟鱼。要说这方面的细节么,可真不少,读来有趣,使人感到从容自得,似徜徉于花丛鸟市之中。我曾想,这种题材,这些细节,如果到一位有经验的作家的笔下,也许真能勾出几个动人的人物来。

但是,这篇小说中的人物似乎薄弱了一些。原因是虽有许多有趣的细节,但又缺少引人的情节、故事,作者也就不能从中开掘更深的主题。

我不是说,不管什么题材,都要寓有强烈的教育意义。我赞成也写一点有趣的、清微淡远的作品,以表现生活的丰富性。但是,主题总要比较明确;越是显得悠闲,主题越要深一点,有耐人咀嚼的东西。这篇作品,在开掘上是不够的,不过看来作者一时也难有更新的招数,我们也想不出新的点子提供作者。

所以,就这样发出。读起来还是蛮有趣味的,供大家欣赏吧。

望成

原载《山西文学》1982年第10期

# 陈创《乡亲》

这篇小说在思想上并不算新,不过写得颇深切,在艺术上也有点特点,值得一读。

通篇都在写两个人物的内心活动,但是,不枯燥;相反,很生动。因为这一串内心活动里交织进多少年的恩怨情节,这多少年的恩怨情节又都集中在一个很尖锐的矛盾时刻里。实际上这篇小说的情节性很强,行动性也很强,不过是交叉地通过两个人物的眼睛和心情表现出来罢了。作者吸取了一点新的艺术手法,但是又很重视传统的小说布局。因此,读者会欣然终卷,接受作者的这种新的试探。更重要的是小说的生活气息浓厚,语言流畅而幽默,时有令人解颐之处。这就很不容易。

或许有的读者还不大习惯某些新手法,那么请您在读开头两节时,稍稍耐心一点。读完第二节,就能被其中的情节所吸引,您会一口气就读完。

祝文茂

原载《山西文学》1982年第11期

# 祁世坤《短章集·雁阵》

在"短章集"这一栏里，发了几首较短的诗，最长的也不过二十行。作者大都是新人。但是，这些短诗都写得很充实，想象力很强，给人美的感觉，又鼓舞人的生活勇气。他们思考得很多，一般又有较深切的生活感受，舍得下功夫锤炼，所以有的诗可以说是诗味很浓的。

新起的作者们，写这样的短章，不是比写那种泛泛的陈词要好得多么？大家都下功夫去从普通的生活里去探求真正的诗意吧，锤炼再锤炼！

于一木

原载《山西文学》1982年第11期

# 吴民 孟昭德《三人行》

小说的原题叫《浪沫》，我觉得不太鲜亮，改为《三人行》。为什么说"浪沫"不鲜亮呢？因为小说里面有这样的话："咱们不过像大河中的小浪沫。寄希望于大河吧，我想，它会沿着曲折的河道，把我们带到……"这比喻不错，语言也很美。不过就全篇小说来看，我又很不愿意把主人公看成"浪沫"，"浪"则可，"沫"却有点不恭了。

这篇小说是两位青年作者写的，充满了青春的气息。小说里写了"我""她"和方雷雷，都是处境有点"困顿"的青年人，按小说里的语言说，是"失意者"。但是他们却在努力奋斗，勇敢地前进。

小说的生活气息浓厚，作者的笔锋又颇犀利，刻画出三位个性鲜明的青年形象；而同时又通过人物的言谈话语，道出些引人思索的道理，夸大点说，就是有点哲理味儿。比如，有这样两句对话：

我不明白你这样热衷于学外语是为什么？也许你已经看见了什么光亮？

它只是登山鞋，人事不能不尽，爬哪座山，我还要想一想。

也许，这就是这三位青年人身上共同存在的一种攀登的愿望。

"她"是一位可爱的姑娘，她比他们都更现实一点。她说："不敢想得太远、太高。我只希望在生活中找到一点儿乐趣，能够爱它。像别人爱自己的生活和工作那样。"于是，她也热爱饭铺里的服务工作。她还说，"我想，工作大概没有轻松、舒服的；生活也不需要那么多意义。快乐是忙里偷闲的事，比如现在，散散步……"说得很好，她也做得很好。不过，"生活也不需要那么多意义"，可是说得太"现实"一点了。生活是有"意义"的，而且要看到"意义"，一旦看到，她会变得更加高尚。

小说的结尾也有点哲理意味呢。是这样几句：

我要买书。送给方雷雷，也送给她。虽然，我不知道该买哪一本……

这是说，"我"不知道朋友们要向哪方面发展，或者是说，"我"也拿不准他们今后都需要些什么。

"三人行，必有我师"，这是句老古话。用现在的解释，不是也可以说，积极的因素到处存在吗？

那么，《三人行》这个题目也许还可以说下去。

徐漫之
原载《山西文学》1982年第11期

# 陈铮 沈果孙《年轻的围棋国手》

这篇报告文学感情充沛，文采斐然，吸引人一气读完。

看影片《一盘没有下完的棋》，对其中的几个镜头很感兴趣。那就是江南棋王况易山同日本围棋大师对弈时，旁边有一个五六岁的小孩在注意地观阵，后来竟接着下起来；而且不多几子，就使日本的棋师大为震惊。看电影的时候心里想：这是艺术的虚构罢了。现在编着这一篇稿子，却看到了一个真实的小不点儿，比电影上的那位小棋手还小，才四岁，跪在方桌旁的凳子上观棋；到了六岁，他就挤进棋室里去学艺去了。这就是这篇文章里介绍的围棋国手江铸久。

江铸久走向围棋国手的路，可不是平坦的，他为国争光，奋博棋场的成绩，也不是轻易得来的。他下了多大的工夫，吃了多少苦，才攀登到这一高度，这才是文章里写得最动人的地方。我说，这是动人，决不单是有趣。当然，有趣还是非常有趣的。棋坛生活，棋场风云，本来就丰富多彩；而江南求艺，异国酣战，又带有它独特的引入之处。

这样的文章，我想读者一定和我一样爱读。

祝文茂

原载《山西文学》1982年第12期

# 何亚京《晚风》

　　这篇小说写得很清新。开头就是:"晚风,像冰镇过似的,从遥远的天际,悄悄地吹来。"真的,这就给我一种很清新的感觉。作者这样落笔,他笔下的人物也都给人一种清新的感觉。这些人物是20世纪80年代的农村青年。在新的历史时期,他们对生活有了新的要求。在事业上,在物质生活和精神生活上,都是如此。陈旧闭塞环境,低眉顺眼的呆相,无所追求的心理,他们都不愿继续了。要创造,要欢笑,要友谊,要劳动,要爱情,在一切方面都勇敢地追求。

　　而在这样的道路上,青年们所走的步子又很不同。在生活里,有一个个不同的性格。作者以轻松的笔调,在言谈笑语中,果然写出了几位很可爱的人物。抒情的调子很足,作者自己的感情也同人物一起抒发出来。

望成<br>原载《山西文学》1982年第12期

# 胡正《又是元宵》

胡正同志的中篇小说《几度元宵》在《当代》（本年第1期）发表后，反映很好。本刊也接到不少关于这篇小说的评论，并且编发了一篇（见本刊八月号）。

《几度元宵》里的几位青年男女都有较为鲜明的性格。小说结束时，读者似乎还在等待着情节的发展，关心着人物的命运。这大约也是较为引人的小说所常造成的强烈的艺术效果。胡正同志听到了这种反映，而他对自己的人物也确有未尽之意，于是就使《几度元宵》里的人们再作一番活动。人物是原有的，而故事是在1979年这样的历史环境中展开的，所以题名为《又是元宵》。

《又是元宵》围绕一个新的情节展开，作品具有胡正所惯有的朴实清新的笔调，故事引人而不穿凿，细节丰富而不繁冗，读者会很轻快地进入作家所创造的艺术世界里。至于汾河岸边，杏树林里，淡月轻雾，种种风光的描绘，那又是这位作家所擅长的，读过《几度元宵》，或读过《汾水长流》的读者，一定深有体会。

由于《又是元宵》里的人物是由《几度元宵》里走来的，所以主要人物沈翠叶、薛安明同他们的关系，牵涉到过去。薛安明是一位正直有为的青年，在"四清"运动时被错误地定为反革命分子，而当时的领导人就是现在的县委书记王启云。在"文化大革命"中他们两人同住在一个牛棚里，互相有了一些了解。而王启云出了牛棚之后，对薛安明的事就变得漠然起来。沈翠叶的妈妈曹清娥和现在的地委书记苗中瑞原是青年时代的恋人，四十年后又在杏湾村相遇。这些关系在《几度元宵》中有过生动的描述，在本篇中也还有点表现，所以在此说一下。至于其他人物之间的关系，本篇都表现得很清楚，一看自明，不必多说了。

徐漫之<br>原载《山西文学》1982年第12期

# 成一《今天在春天》

《今天在春天》，这题目挺古怪，看完全篇以后便觉得，倒也有理。

成一最近写得不很多。同他闲聊时，他说在考虑写一点新生活、新力量向旧生活、旧习俗的渗入。我想，这就是他要表现的一种思想了。确实，这里面写到的正是一种渗入，或者说是一种搏斗。说搏斗未免有点剑拔弩张的味道，为成一所不取，读者也未必赞同。从情节内容的实际发展来看呢，乡村老木匠师傅的威风还那么大，学徒工小伙子仍然像小媳妇似的受委屈，这算什么"搏斗"呢？只能算渗入。好，渗入就渗入吧。问题是读到那位小学徒无端受辱，很正常的一点要求都不能满足，甚至都不许提起时，您不觉得心里很憋闷，想让那小伙子站起来吼几句吗？尤其看到最后，当那小伙子已意识到那位师傅是以伤害徒弟的尊严来维护、提高自己的价值时，您不觉得他们马上要干一场了吗？——搏斗，我之所以谓之搏斗，在这里倒也显出一点端倪。

然而，生活毕竟是美好的。一位农村木匠师傅，小日子过得多富裕。学徒也不坏，吃好吃饱还有点收入；未来又展示着更诱人的色彩。在这天晚上小伙子总算有工夫去会见女朋友了，师傅也确有体贴之心。

　　前面，我说了木匠老师傅的几句坏话。但是他绝不是一位坏心肠的人。不光是他准许小徒弟去会女朋友。还有好事，比如，他愿意传艺（这就不简单），他还分给徒弟一定的报酬（这完全由师傅定呢），徒弟尚未出师，他早已为他准备一套木匠工具（这又是很有情分的事），以便徒弟独立工作。木匠老师傅不错。只是由于他自己、他师傅、他师傅的师傅，一代一代都对徒弟那个样子，他才执行了这个祖传的规矩。但是今天还行吗？录音机这玩意儿传到乡下，他想弄一台，就要向徒弟请教请教。就说干活吧，家具式样总是变化，关于做木家具的书也一本一本地出，要弄懂，也要靠这位有文化的贤弟子。这样，他那不必要的威严，可是绝维持不了好久的。渗入、搏斗，在平凡的生活里已是处处可以感到了。这不是什么"春江水暖鸭先知"，春天早来了，在偏远的山区也已来了。春天，是个象征说法，直白点说就是新的生活，来了。它很强大，不可阻挡。这篇小说的立意大约在于此。

　　小说的结构很严谨，只写一天的事，只写老师傅的态度和小徒弟的心理。心理描写是很深刻的，又毫无沉闷之感，较之成以往的某几篇，这无疑又是一个进步。

祝文茂<br>原载《山西文学》1983年第2期

# 郭志一《打电话》

　　这篇小说，真真假假，虚虚实实，写得饶有兴味。通篇几乎都用对话，——打电话嘛——而且都是极简短的一句半句，但表现人物情态倒也传神。结局真是奇思妙想，令人喷饭，但又不只使人破颜一笑，却使人去做一点思索。这就颇不易得。

　　我推测，这个小故事可能是在某地口口相传的"笑话"。但作者抓住了精彩之处，以灵巧的形式表现了出来，显示出一定的文字能力。如果这内容是由作者直接从生活中提炼出来的呢，那就尤为不易了。

　　希望有更多的作者从生活中发现值得写的人和故事，写出来又能引起人的兴趣，给人教益。对初学写作者说来，这类速写也是一种有益的锻炼。

望成

原载《山西文学》1983年第2期

# 王东满《步履艰难》

这篇小说反映出开创"四化"新局面要克服重重意想不到的困难。小说把党内党外的许多复杂"关系"都揭示出来了。斗争是艰苦的,作品的基调却是积极而开朗的。

作者近来发表了不少的小说,引起省内外文学界的注意。他的小说,从内容上讲,不避开当前的矛盾,敢于触及时弊,但又不消极,不怨天尤人。他是面向五光十色的世界的,不躲到身边琐事里去探寻抽象的"人性"或拼凑什么破碎的"内心世界"。大千世界,尘寰哀乐,或者说,当前城乡沸腾的生活,在吸引着作者。他勇敢地写这些,读者也是关心这些的。所以,王东满的小说同广大读者常能有较深的感情交流。

从艺术上说,作者文笔是酣畅的,情节也发展得曲折有致,读者总是读得津津有味。小说里不乏生动的细节,常能给人留下很深的印象。即如这篇小说里,那传达室里的七位传达,又加上那位有硬后台的老汉,可是真不好对付,新局长处理果断,这且不说,后来逼得行政处长晚上去守传达室,而最后新局长自己又抱着被子去了。前后呼应,情味十足。小说里马部长的出场、言谈,那种官气、做派,也是很逼真的。所以,王东满的小说受读者欢迎是很自然的。

　　小说写得流畅、曲折引人，自有不待言说的好处。但是，流畅有时会泥沙俱下，曲折也能得奇而失真。这却是应当注意的。因为我编过作者的几篇小说，大致有这样几点印象，倒不是都表现在这一篇小说里。在此一提，也就是了。

于一木<br>原载《山西文学》1983年第2期

# 蹇先艾《追忆石评梅师》

在本期发表的五篇散文中，蹇先艾《追忆石评梅师》、郭汾阳《简介石评梅》和武柏索《"乡音未改"情弥深》这三篇可以说是自成一组。石评梅、李健吾、蹇先艾都是新文学史上的重要作家，他们彼此间有深厚的战斗友谊和值得纪念的文学交往。文中提到的高君宇是我党早期的活动家，也是我省最早的共产党员，他同石评梅之间的坚贞爱情、共同信念，更是流传百世的佳话。我们后代青年读一读这组散文，不但可以得到艺术的享受，而且会增长知识，缅怀先辈，使自己的心灵更美好，摆脱某些资产阶级观念，使自己成为更纯洁、更高尚的人。

牛力耕

原载《山西文学》1983年第3期

# 马力《罗马、北京"130"与秦琼马》

马力的这篇新作饶有风趣。情节富有戏剧性，语言幽默，这是他作品的一贯特色。过去马力多写农村生活，这一篇写到县城机关的生活了。小说抨击了目前仍在流行的不正之风，同时又指出积极力量的主导作用。

小说里那位管汽车的主任写得很生动，也很有点典型性。他所干的这一行，老实说，在机关里是很不好干的。他娃袁，他见谁都是"是是，是""对对，对""好好，好""行行，行"，外加"哈哈哈"，因此得了一个"袁五三"的外号。作者有一句话说得很俏皮，也很辛辣："有人说他每晚睡觉前总要用双手好好把脸搓一搓，因为白天把脸上的肌肉笑乏了。"他很圆滑。圆滑令人愤慨。但是他不得不圆滑，风气造就了这种可恶又可怜的人。小说里写得清楚，这一切并不能单怪他一人。所以，作者给他一定的同情，读者也会对他有一定的同情。幽默、生动，又带一些辛辣；只是在深度上似觉不足。

于一木

原载《山西文学》1983年第3期

# 张成德《不断向生活突进》

我们开辟了"文学新人"专栏以来,发表过不少文章了。张成德同志的这一篇是较好的文章之一。说它好,是因为对作者及其作品研究得较为细致,提出的见解较为中肯。除此以外,评论者对作者有较深的理解,彼此之间有一种文学上的友谊。"以文会友",缘文成友,这是作家与评论家之间应有的关系,也是一种理想的关系。因为知人深,所以衡文也才准。因为有同气相求的友谊,所以笔端也自然有了情感。反映在文章上也就挥洒自如,左右逢源。

"文学新人"这个栏目,今后仍要继续下去。希望质量会逐渐提高,希望评论文章会写得各有特色,各有妙处。

祝文茂<br>原载《山西文学》1983年第3期

# 李锐《"窗听社"消息》
## ——饶有韵味

李锐的这篇小说写得饶有韵味。从构思上看,他用"窗听社"发布消息的方式来表现这种特定的环境和人物,令人感到新颖有趣;而从作者这方面说,真真假假,虚虚实实的事件、细节,也便于结成一体。

说到韵味,恐怕最重要的还在于语言。这篇小说的语言就含而不露,耐人咀嚼。有些俏皮,有些辛辣,但是很纯净,不是故作高深,也不是油嘴滑舌。这一点分寸感是很重要的,失去这种分寸,就没有韵味,成为"耍贫嘴"了。

当然,要有韵味,必须有内容。这内容有待作者从生活中去发掘。李锐的小说向当前的生活贴近,写澎湃的生活潮流,这是可喜的。我想,也许这样写,对提高作者观察生活的能力,表现生活的笔力,都有好处,倒不单是只在于写出这一篇较好的作品。

徐漫之

原载《山西文学》1983年第4期

# 柯云路 雪珂《收发室里的笑声》
——青春的笑声

我们的刊物用五万字的篇幅发出一个中篇小说,这还是第一次。"发不发呢?"——我们曾经考虑过。结果是——"发!"对我们这个只有七十二个页码的刊物来说,这真是要下点狠心的。

为什么下那么大的狠心发这个中篇?因为它确实很吸引人,我们相信广大读者,尤其是青年朋友们,一定会喜爱这篇作品的。

小说写了一群青年人。这里面有爱情、有事业、有理想、苦恼、嫉妒、友谊,等等。但是,这里面没有那种俗不可耐的廉价货色。这里面有真实的生活画面,有真实的人物性格;更重要的,是有一种崇高的激情,您要说它是真正的诗情吧,也合适。

说到诗情,我愿意顺便说一下,这篇小说里可确实有不少关于写诗的情节。这些也都写得很生动,占有重要的地位。但是,这篇小说可绝不是关于如何写诗的解答。它提出并回答的是青年人生活中的问题:向人生的高处攀登,使自己变得更纯洁,更美。

作者都是青年,写的又是青年人的故事,下笔左右逢源,从容自得。他们过去喜欢写激烈的斗争,复杂的关系网,广大读者都很熟悉了。这次却用较为细致的笔触,写日常场景,而人物的性格和微妙心情，也极鲜明地展示在读者眼前。题目《收发室里的笑声》，这笑声可是弥漫在全部作品里。这是青春的笑声，是天真的、精力洋溢的笑声。听着这笑声，大家都跟着变得年轻了。即如编者，年过半百矣，也深受感染。年轻的朋友读起来，一定会更高兴吧。

不多写了，以免使有趣的情节露了底。好在小说的行云流水一般的笔致，很快就可以把您带进那真情实景之中。

于一木
原载《山西文学》1983年第4期

# 王祥夫《宣德炉》

　　这篇小说的作者王祥夫以前在本刊发过散文《荷心茶》，受到好评。这篇《宣德炉》是他发表的第一篇小说。这篇小说的题材比较新，所谓"新"者是又因为它很"旧"，是关于买卖古董的故事。现在一般年轻的作者和读者对这种生活是不熟悉的，写的人很少。一旦写出，就是翻旧为新，反而显得很新鲜了。

　　从小说本身看，写得确实也挺有趣味。故事性很强，人物的心理也很真切。写这个行当，就少不了关于这个行当的细节，也少不了应用这方面的某些知识。作者要做有心人，熟悉自己所接触的生活。"书到用时方恨少"。其实，生活的知识，人物心理、细节，这些对作者说来何尝不是呢？

　　这篇小说的结构也很简洁紧凑，不蔓不枝，这对初学写作的人说来尤为不易。

望成<br>原载《山西文学》1983年第4期

# 蔡华《墙》

读者同志，您不要以为写煤矿生活的小说，尤其是写煤矿生产方面的小说，总是上井下井、开采掘进，闹个没完没了。不，这个印象很不可靠。请看这一篇《墙》，它是围绕着一个管理问题写的，但是多么饶有情趣啊。矛盾很集中，很尖锐，还很复杂，但是，却又发生在一个家庭里。小说展示给读者的，并不是生产问题，而是几个人物的心灵。小说的作者很懂得文学就是人学的道理，他在人物身上做文章，所以这文章从始到终，使您一点也不会感到枯燥和沉闷，情节顺畅地发展，煤矿工人那种豪放和幽默，都很真实地、自然地流露出来。只是为了不影响您阅读时的兴趣，编者就不提及这小说的内容了。

祝文茂

原载《山西文学》1983年第5期

# 郭政《往者不可谏，来者犹可追》

本刊第四期发表了中篇小说《收发室里的笑声》以后，连续收到几篇评论稿件，反响较为强烈，意见也较为一致。我们从中选出这一篇发表。另外的几篇评论是：南开大学高卫兵的《笑声中追求心灵的净化》，临汾地区王庚星的《新的人物，新的境界》，阳泉李平原、侯巨旺的《一个成熟的青年形象》，翼城县安希孔《在笑声中攀登》。这几篇文章都从各个不同的侧面，分析了这个中篇在思想艺术方面取得的成绩。从题目上看，"攀登""净化""新的人物""新的境界"，等等，大体说明了读者的感受，这些感受是共同的。

对于这样的评论，我们本来可以早一点发表。但是，想多听一听意见，来得稳妥些，因此就发得迟了。今后要加强对作品的评论，我们力争把评论文章发得及时些。

干一木
原载《山西文学》1983年第9期

# 权文学《在九曲十八弯的山坳里》

这篇小说写得颇有意蕴,不落俗套,读来津津有味,读后令人有所思索。

在僻远的山坳里,有些令人难解的乡俗。仔细想想,似乎都可以从物质生活条件方面加以阐释。比如这篇小说里写到"私拆信件"的"习惯",就是如此。不许私拆信件,这是大家都知道的,即使不说是法律问题吧,也是个道德问题。但是,请设想一下,过去——或者追溯到解放前多年——一个山村里都很难找到一个识字人的时代,某一家接到了"平安家报"(也许一年不过有一两次吧),那是要央求别人给读一读的。而且,在那个时代,能有一个在外面工作(经商、做官或做工)的人来信,这不但是喜庆之事,简直是一种光彩,大家都为之高兴。信里面大约都是一本正经的事,至少都不必避忌乡人吧。

但是,时代发展变化得很快。私拆信件,很快已经成为不能容忍的事了。这在一个小小的山村里发生,显出生活里的变化。经济生活的变化,物质文明的进步,也相应地要求精神生活发生变化,要求精神文明的进步。

权文学同志近两年来在艺术上有所探求,他逐渐从生活的表层深入到生活的里层,过去在创作中的某种图解的痕迹、编造的痕迹,渐渐消退,继之而来的是新颖的艺术构思。他的小说语言本来就很有生活气息,现在也显得更为纯净了。这是令编者高兴的,当然也是令读者高兴的。

祝文茂

原载《山西文学》1983年第9期

## 许元上《为我们干杯》

这是青年作者许元上在本刊发表的第一篇小说。小说写得生动活泼，有一股勃勃朝气，当前青年工人的风貌，在这里很能看出一点。

写出这么一篇小说，对初学者说来，确乎不易。但是，也并不少见。可贵的是这位作者的勤苦努力。他在阳泉市文联工作，业余写小说。多年以来，频繁寄稿，但是又陆续退回。在他的案头，可以说是"积稿盈尺"了吧？他没有怨言。当编辑的可是颇有点歉意了。一者是为他支持刊物热情所感动；二者是自恨"爱莫能助"，总不能降格选用他的稿件吧？——那又有什么必要呢？

到底是"功夫不负苦心人"，他写成了这篇很不错的小说。他的路子走得很正，首先严格要求自己，不怨天尤人，也不走旁门歪道去满足发表的欲望。本来嘛，文学是人民的事业。业余写作是个人的爱好和志趣，同时也是愿意以自己的力量为人民做一点贡献，对社会主义事业起一些好的作用。我们的作者，都要有这样的自我要求，这不过是一个起码的要求。作者这样要求自己，才能不断前进；我们的文学，有了这样的作者，才能取得更大的发展。

编了这篇小说,小有感慨,书附篇末,愿与广大业余作者共勉。

徐漫之

原载《山西文学》1983年第9期

# 郑录礼《老马》
## ——佳品三则，各有风致

择三篇"小小说"在此发表。所以要在这里说几句者，是希望读者万莫以其篇幅之小而"小"视了它们。

这可以说是"佳品三则，各有风致"。

怎样的有风致？每篇只二三千字，就不必为它说明了，一读便知。但略而言之，则是：《老马》有散文诗韵味，《月雪》得生活意趣之理；而《幸福的争论》则如一个电视小品，挺逗，又挺有味儿。

牛力耕

原载《山西文学》1983年第9期

# 李长胜《柏木棺材》

在本刊第九期发表许元上的小说时，编者写了一个"编稿手记"，介绍了这位青年作者持之以恒的精神。当然，在写作上艰苦努力，孜孜以求的青年作者是很多的。《柏木棺材》的作者李长胜同志又是一位。李长胜同志在壶关县广播局工作，近四年来连续给本刊寄来二十多篇小说，都没有刊用。现在终于能将他的第一篇小说推荐给读者，我的高兴也许不亚于作者。三年以来，在稿件往还之时，我们有过不少联系，但是还没有见过面。我祝贺这位未曾识面的朋友！

《柏木棺材》全篇在选材、组织以及叙述描写上都很顺当，是传统的短篇小说的路子。这里面的情节，平凡中有异趣，异趣中有辛酸；角度也很新巧，偏要从一个中风不语的人的心中探得隐约的消息。所以，可以说是很吸引人的。从这里我们看到了他多年的努力不是白费的。从近期的刊物看到，新作者不断出现，这是我们文学事业的希望所在，我们都为此高兴。

徐漫之

原载《山西文学》1983年第10期

## 钟道新《风烛残年》

我很欣赏，也很佩服这位青年作者的敏感。我所谓的敏感，有两方面的意思。一是感于外物。别人不留意的小节，他留意到了，使之进入自己的艺术储备。二是感于内心。别人未曾动情的事，他动情了，而且动得很深。试看这篇小说，在富裕的物质生活环境里、温文尔雅的家庭风范中，几滴残酒、几声呼唤，透露出多少凄楚之情。作者不用夸张的笔墨，只淡淡写来，从容叙说，悲凉之气，被满园庭。

我们能不能发表这样一篇气氛很压抑的小说呢？它没有写激烈的社会矛盾，也没有正面的英雄和反面的奸诈歹人。不过是平静的生活里，一位平静地衰老下去，即将平静地死去的老人。但是，既然小说那样扣人心弦，既然它能激起许多——包括编者这样的——普通人的感情波澜，那就是说，这篇《风烛残年》还是有一定的社会意义的。

"可怜天下父母心"，现在是指为儿女奔忙操劳的父母心。但是，当奔忙操劳的父母走向衰亡时，儿女们不应使他们怀着一颗"可怜心"，在家人之中感到孤凄吧？这篇小说在结尾发了一通议论，宏论千余言，被删掉了。有一句话我想引在这里："著作等身的鲁迅先生不还每晚必陪老母聊上一会儿天吗？"他的意思是说，老人们在饱暖之后有几句话可聊，也就够了。

"老年人问题"是一个很大的社会问题，只有社会主义制度和社会主义道德可以妥善地解决这个问题。当然，这篇小说并无意于解答这方面的问题，这也不是一篇小说所能解答的问题。小说只写了这样一个生活的侧面。生活中总有它不愉快的，甚至悲剧性的一面，那么，文学也就不必避开这样的一面。当马克思走向暮年的海涅时，他写道："这个可怜的人憔悴已极。他瘦得只剩下一把骨头。……自然也有些消沉和忧郁……眼看着这样一个杰出的人物一步步走向死亡，真使人十分难受。"（马克思恩格斯全集》第27卷51页）小说里的母亲，只是一个普通人，但是，从她的儿子看来，当然也是"使人十分难受"的。小说把这种感情传达得很真切，由于作者的深沉思索，许多地方是很有点哲理意味的。

这位作者开始写小说不过三年。本刊第八期发表他的《有钱十万》，读者很感兴趣。这一篇似乎更成熟一些。希望他珍惜自己的才华，越写越好，千万不要越写越草。

祝文茂<br>原载《山西文学》1983年第11期

# 郭景山《胶底布鞋》
## ——短篇小说的正路

这篇小说，用一个小小的题目，实在也只写了一个小小的生活情节。但是，那样生动有趣，充满生活的欢乐，这是令读者感到有点意外的。

主人公是十九岁的青年多雨，他的心理活动随着情节的进展，展示得十分细腻。一个美好的，真是黄金一般可贵的、不受污染的灵魂，在我们眼前闪烁。而周围，是当前变动着的、五光十色的农村现实——新人生活的环境。短短六千字，娓娓道来，有故事、有人物、有精妙的心理描写。这是短篇小说的正路。它像叙事文学中的绝句，笔墨传神，意在言外。我想，我没有说得过头了吧？

祝文茂

原载《山西文学》1984年第1期

# 焦祖尧《胸襟》

十一届三中全会之后,农村经济搞活了。生产大幅度上升,生活全面提高。农民的富裕,常常使久居城市的人们惊异。

作为一个编辑,我很少到农村去跑一趟。关在办公室里,有时就空想:大家都去劳动致富,农村党员的作用怎样发挥呢?各处都在承包,那么缺少劳力、没有门路的人们怎么办呢?还有,我们的具有中国特色的社会主义,在农村,将是什么样子呢?——老实说,我这样的苦苦思索,是难得解答的。在编稿时读了这篇《胸襟》,觉得很满意。除了艺术上有许多感人之处,文笔又绵密漂亮以外,我的满意还在于它使我较真切地感受到现实的生活,使我看到变化中的农村的新人形象,普通的共产党员形象。简单说,它使我加深了对当前农村生活的理解。"劳动致富"、"承包"和党员的作用、社会主义性质,等等,都在我的眼前活了起来。所以,我觉得应当写几句话,特别向读者推荐。

这是一篇报告文学,它以散文的笔法写来,错落有致,格调是清新的。为了迅速地反映当前各条战线的生活、传达时代的脉搏,我们欢迎这样的作品。

徐漫之<br>原载《山西文学》1984年第1期

# 毛守仁《庄稼院的婚礼》

《庄稼院的婚礼》主要写的不是婚礼，而是参加婚礼的人们的种种活动。我想，也许不妨说是农民的"社交活动"。我们读《红楼梦》，读托尔斯泰的小说，读巴尔扎克的小说，读狄更斯、奥斯丁的小说，可以发现他们的许多人物都是在家庭纠纷、社会交往中塑造出来的。

这篇小说写婚礼之前和婚礼上，妯娌亲戚之间的斗计。山西农村的"社交"，风俗人情，都融合在人物的思谋计划之中；而人物的风采神态，也愈益显得生动。令人赞赏的还有语言，不论叙述语言还是人物对话，都有浓厚的泥土气息，毫不做作，却顾盼多姿，这是颇不易得的。

牛力耕

原载《山西文学》1984年第6期

# 春塘《起步》
## ——虔诚的心意

亲爱的读者，您打开这本刊物时，正是我们党的生日。我们把《起步》这篇小说放到卷首，您读了以后会明白我们的意思，而且会明白我们的心意，我们是以一种虔诚的感情向读者奉献这篇小说的。

老布尔什维克的形象近来在小说里出现的不多了。是的，他们大都退居二线，或者离休了。金戈铁马、虎穴龙潭，已成过去。但是，老骥伏枥，依然有无比的壮心。读了这篇小说，老同志会热泪横流，青年一代也会为这位老人激动起来吧？

大作家都德写过不朽的名篇《柏林之围》。我们当然不敢妄比，但是这位老人的崇高的精神境界却不让前者。

祝文茂

原载《山西文学》1984年第7期

# 田东照《失掉权力的族长》
## ——生活浓度与思想高度

  田东照同志的这篇《失掉权力的族长》，题目就很新鲜，很引人。小说里的生活气息可以说扑面而来。一个小小农家的婚礼，写得实在生动有趣；从一个外乡人看来，简点有点眼花缭乱。看那乡间的规矩礼道多么繁杂，看那各种人物的身份分得多么清楚。好像几百年几千年定下的一切，永远不变了。那位老族长在这隆重的气氛中的出场写得很好，人物的神态、话语，都那么切合他的地位；而周围人物对老族长的反应，写得准确、有分寸，就更衬托出这个人物在乡里中的分量。我觉得，这些地方都很能见出作者的功力，也看得出他对生活的熟悉。

  但是真正的矛盾开展之后，就不那么理想了。文笔依然是流畅的，也不乏生动的描绘。使人不太满足的，是盖祠堂和修学校这种争议有些表面化，有些浅露。矛盾的解决呢，也太一般，其实在问题刚一摆明之后，读者也就想到了这个必然的结局。

  所以，我觉得，这小说的生活气息还是很浓厚的，只是思想还没有达到相应的高度。否则，小说会更加动人。

祝文茂
原载《山西文学》1984年第7期

# 郭景山《炮市》
## ——不单为了喜庆气氛

读者读到这篇小说的时候,正是春节前后,也许您的周围正飘散着爆竹的火药味儿。这是我国喜庆气氛所不可缺少的东西。

本期呈献给您的第一篇小说《炮市》似乎就散发着这种幽香。这里充满了喜庆的气氛;然而又不是"喜庆"二字所能概括完的。这里面有一种开阔、豪放、富足、追求。不是吗?卖炮的把炮车都炸了,可谓倒霉。换到前几年,两家人就会倾家荡产,哭都哭不成调了。但是在今天,农民面对这种小小的灾祸,只以几声咒骂、几句幽默就支应过去了。生活仍然充满喜庆,心境仍然那么好,友谊还是友谊,追求还是追求。

作者郭景山已经发表过几篇引人注意的小说了。这一篇又是一个进步。作者选的题材很好,有趣,简直妙趣横生,妙语连珠。没逛过农村炮市的人,大可在此一饱眼福。作者把握人物的情绪也较准确,逞强、败兴、赌气、交友,都很自然。场景相当生动,热闹之处写得出色,冷静之处也很见功力。比如,当那大汉的马车出了事故时,兴儿的眼光由自己的驴车"转向追寻马车",看到一个"镜头",这真有点电影上慢镜头的味道,一点点地分析那两秒钟内的动作。然后，那由"敌"而友的转化，也具有丰满的内容。

所以，我们把这篇小说放到第一篇的位置，请您先欣赏，倒不全是为了春节的气氛。

祝文茂

原载《山西文学》1985年第2期

# 马剐《伞河》
## ——小小的一点新

短短的一千字,也许能写出深奥的理论,谈出重要的问题,阐述重大的发现。但是,毕竟不是每一篇都能做到这样。

据我看来,一篇散文,尤其是短小的,只要能讲出一点新意,只要能在生活里发现小小的一点新事物,造成小小的意境;而后又能以比较精炼的、比较优美的、有情趣的语言,把这"小小的一点新"表达得体,就很不错了。

这篇《伞河》,不写雨后真河真水,却写伞的河。高楼俯瞰,只见各色的伞在街道上汇成彩色的河。这河流动,变幻;这流动、变幻又有定向。这色,这流,这方向和聚散,表现了我们当前生活的一种调子,表现了作者的一种心情。我觉得,作者选的角度很好,手法也不一般,给我一种新的感觉。本期发表一篇访问记,题为《美在新》,读者可以参阅领会。

○

徐漫之

原载《山西文学》1985年第2期

# 徐双喜《北方、牛和雁唱》
## ——年轻的文友来相会

今年第一期本刊编发了"青年诗作小辑",集中发了几位青年作者的短诗,反映不错。同样年轻的评论者徐双喜写了一篇评论,编者以为,也写得不错。

年轻人的心如意相通,他们之间有更多共同的东西。追求、理想、美的感受,大体是相同的。尤为难得的是,他们之间互相理解,互相体谅;但对各方面的短处,也比较摸底。谈来坦率,一语中的;又是朋友间的关怀,带有殷切的希望,毫不会伤和气。

前辈人指导青年,很必要。年轻人互相切磋,尤不可少。我赞成"年轻的文友来相会",它能给我们的文坛增添生机。

望成

原载《山西文学》1985年第2期

# 张颐武《中国农民文化的兴盛与危机》
## ——请关心文学理论的发展

当前,有一批青年评论家以高度的热情和责任感,从各种新的角度去探讨中国文学的重大问题。也许他们的看法未必十分稳妥圆通,但见解是新颖的、有益的;纵使存在着片面,正如一位青年评论家所讲,那也往往是"深刻的片面"。

张颐武是文学专业的硕士研究生,正在读书期间已写出这样很有分量的文章,这是令人兴奋的。他的这篇文章是从农民文化的层次来探讨农村题材文学的得失;文章不受过去对"现代"、"当代"的分期限制,纵论20世纪文学的发展脉络。这些都是以前较少见到的。

文章第一、二部分论述较详,第三部分就觉得太简单了。我们急于把它介绍给读者,所以就没有来得及请作者再作补充。

有关这方面的论述,前不久有王富仁的《在广泛的世界性联系中开辟民族文学发展的新道路》(载《中国现代文学研究丛刊》1985年第1期,《新华文摘》1985年第6期转载),有兴趣的读者可以参阅。

随着思想解放运动的深入发展,广大人民的理论兴趣日益增

# 李生泉《被俘的将军和他的士兵》
## ——具有崇高之美的传奇

这一篇"当代传奇"写的是三十多年前的烽火硝烟。

虽然称不上惊天动地,却也可以说可歌可泣。

在谋篇布局上不能说精雕细刻,语言也在流畅中难免有粗疏之处,但是这里有一颗赤心在跳动,有一股天地正气在运行,充塞于字里行间。

这就是最可宝贵的、千古不泯的爱国热情。

这种崇高的情感会撞击读者的灵魂,使智者勇者、仁人义士,慷慨浩歌,走向新的目标;它也会使庸者懦者、贪夫愚子,闻而感奋,去追求更有价值的生活。

爱国主义,它正像任何一种崇高的品质、思想、操守一样,表现在种种不同的环境里,也表现在危境、逆境里。它有时会立即受到人民的尊重,有时就被误解,以至蒙受冤屈。

大诗人屈原写过:"虽九死其犹未悔。"这种精神为后世儿孙所永记。

这个传奇的可读性很强,它会紧紧地吸引着您,这一点不必编者来多言。仍可赘一言的是:在现在"传奇"之体被武长，这是当前伟大文化潮流的一个组成部分，它将大大促进文学事业的发展。我们刊物深深有感于此，所以，这是我们今年第二次把理论文章发刊物的首篇位置。

我们关心文学理论的发展，我们也关心青年理论家的成长。

祝文茂

原载《山西文学》1985年第11期

林、美女、妖僧、神狐占领之时，这篇文章以它的崇高之美会发出一点异彩吧。

祝文茂

原载《山西文学》1985年第12期

# 瞿琮《在东线，有一个爱情故事》

这是一个"爱情故事"。不错，题目就标得明明的。以爱情编织成的故事，我们所见多矣。一种套子换成另一种套子，令人有点腻味。但是，请注意，这一篇却着实与众不同。它不是您读过的这一个模式或那一个模式的套路，这里面简直是"连环套"。意想不到的发展，意想不到的关系，意想不到的结局。您以为看了开头就知道了结尾？这一回可办不到。

总而言之，作者在故事的编织上真正花了一番苦心，使您不胜惊叹。但是，这又毕竟是一篇小说。是一篇严肃、深沉的小说。它不是供人们解闷、读毕即忘的东西（虽然这类作品也是人们需要的）。它有讽世之旨，它又有对青春、爱情和当代军人的赞颂。所以，它是激动人心的作品。少男少女，终篇之后，或不免有唏嘘落泪的，或怨恨作家落笔心狠，未使有情人终成眷属的，那也是小说家追求的一种艺术效果。小说要净化人的灵魂呵！

祝文茂

原载《山西文学》1986年第1期

# 文评闲说

# 重读赵树理《邪不压正》

1948年10月，赵树理写出中篇小说《邪不压正》，从10月13日起在《人民日报》连载。1948年12月太岳新华书店出版了这篇小说的单行本，1949年华中新华书店出版的《赵树理小说选集》收入了这篇小说，此后就没有再出过单行本，解放后的《赵树理选集》和其他各种选集也没有收入。限于当时的条件，太岳新华书店印行的单行本，只有五千册；华中新华书店出版的《赵树理小说选集》印数也不多。所以，这篇小说已经不易见到。现在对一般读者说来，《邪不压正》只是一篇存目而已。

但是，想当年《邪不压正》刚发表时，是引起过热烈的反响的。《人民日报》在1948年12月21日发表了两篇看法很不相同的评论，次年的1月16日又发表了四篇评论，并加了题为《展开论争推动文艺运动》的编者按语，综述各家的论点，希望进行深入讨论。1950年1月15日发表了赵树理的《关于〈邪不压正〉》，同日发表一篇评论，到2月25日又发一篇评论。至此，关于《邪不压正》的讨论就结束了，以后不见有人再提起。这篇小说热了一时冷了多年，现在几乎要被人遗忘了。

这篇小说的缺点是很明显的，比如，主人公是谁？争论很大。主题是什么？争论也很大。这也就说明小说至少是表现得很不明显。作者后来在《〈三里湾〉写作前后》中说，他在人物描写方面，"常常写出一大串人，但结果只有几个人写得周到一点，把其余的人在故事中用一下就放过去，给人一个零碎的印象。"《邪不压正》里也是写了很多事，写了很多人，事件不集中，人物也不集中。作者在《关于〈邪不压正〉》一文中对这篇作品作了一些辩解，说明主题是什么，以及写软英、小宝恋爱的意图；但是应当说，这些说明也不是很有说服力的。小说在其他方面如四个章节之间的联系，人物性格的发展，也颇有不尽妥当之处。这都是小说的缺陷。

赵树理在小说末尾注明脱稿日期是1948年10月18日，而《人民日报》开始登载这篇小说是10月13日。全文四章，每隔两天登一章，至10月22日全文登完。由此推算起来，可见登载前两章的时候，全文尚未写毕，至少是没有修改完毕。一面写，一面登，这就缺少一个全面修改的功夫。这或许是为了配合当时的宣传任务。如果确是如此的话，这就说明艺术创作是不应太仓促、求速效的，即使是赵树理这样的作家，太仓促、求速效，也难以做到精益求精。

但是这篇小说的可取之处还是不少，甚至可以说，名家手笔，毕竟不凡。多年来这种差不多被否定的状况，是不公正的。因此，现在仍然值得谈论一番。

《邪不压正》着重表现土改运动中一股"邪"的势力——以流氓小旦为代表，同一股"正"的势力——以贫农干部元孩为代表，进行的斗争。所谓代表，可以是主要人物，但也不一定是主要人物；它只是政治力量的一个方面。在"邪"的一方面，小旦是代表，同时也是主要人物。在"正"的一方面，主要人物却不是元孩而是一对恋人软英和小宝，还有软英的父亲聚财。当然，软英、聚财之间又有他们的分歧。

小说的情节从1943年秋开始。地主刘锡元派小旦做媒人，强迫中农聚财把女儿软英嫁给他的儿子，到了土改时，小旦竟混入积极分子的队伍，至"填平补齐"时，又一次迫害聚财，并再次做媒，强迫软英嫁给新上台的干部小昌的儿子。这中间又贯穿着软英同小宝的恋爱。

小说里的婚姻恋爱事件依据村里的政治斗争而发展变化，走向一定的结局。村里的政治斗争集中在土改后期的"填平补齐"。"填平补齐"是中央的政策，是为了解决老区土改后某些贫雇农仍然缺少土地和其他生产资料的问题，要求在较小的范围内抽肥补瘦，抽多补少，作一番调整。老区的这个过程，其他一些描写土地改革运动的作品很少反映。那些作品都致力于描写发动农民、诉苦斗争、分田分房、建立政权等方面。《邪不压正》描写土改中的这个过程，可以说弥补了这方面的不足，给土改运动的伟大画面填补了不可少的几笔。

赵树理在《关于〈邪不压正〉》一文中说到当时晋东南一带进行"抽肥补瘦"，是因为一部分群众没有真正翻身。"追查其原因，多分了果实的干部和积极分子只说是封建势力尚有残余，而没有说自己多占了一部分果实，所以只决定了追究残余的封建财产；在追究时，少数占了便宜的干部明知残存的封建财产数目很可怜，怕解决不了被遗忘的贫农的问题，就想把富裕中农也算到封建势力中去。流氓更喜的是浑水摸鱼，唯恐天下不乱。"《邪不压正》就是依照当时的历史情况写下来的，把一个中农家庭放在情节的中心位置。小说生动地表现"左"倾路线如何伤害了中农的利益，党的正确路线又如何克服错误，团结中农，巩固农村的阵地。历史前进中的这一个波折，可以说写得相当出色。

《邪不压正》今天读来仍然使人感到那样真实，那样充满生活气息。翻开第一页，读者就会走进三十多年前的生活中去。作品描写的风俗画，那画面的鲜明有趣，比起这位作家的其他作品也不逊色。地主狗腿小旦的嘴脸，勾画得入木三分，同《催粮差》里的九孩一样生动。我们从这个人物身上，看到了土改运动中发生"左"的偏差的社会根源。软英要求婚姻自由的坚定热烈的感情，又何次于小芹和《登记》里的小飞娥母女呢？其他如中农聚财、贫农干部元孩，以及小宝、小昌，都很有性格。

赵树理通过对话来描写人物的技巧久已为人称道。以往讲到这一点，举例总限于熟知的几篇。其实《邪不压正》的人物语言就很值得提出。

小说开头写聚财家闺女订婚，来了客人；聚财心情不好，躺在床上。

这地方风俗，姐夫小舅子见了面，总好说几句打趣的话。安发一进门就对着聚财说："这时候还不起！才跟刘家结了亲，刘锡元那股舒服劲，你倒学会了？"聚财坐起来，一面披衣服，一面说:"伙计!再不要提这门亲事!我看我的命终究要送到这上头!"安发见他这么说,也就正经起来,坐到床边慢慢劝他说:"以前的事不提他吧,好歹已经成了亲戚了!"聚财说:"太欺人呀!你是没有见人家小旦那股劲——把那脸一'洼','怎么?你还要跟家里商量?不要三心二意了吧!东西可以多要一点,别的没有商量头!老实跟你说:人家愿意跟你这种人家结亲,总算看起你来了!为人要不识抬举,以后出了什么事,你可不要后悔!'你也活了三四十岁,你见过这样厉害的媒人?"

这一段话不但说明今天订婚的内情,而且在小旦出场以前先勾出他的轮廓。这说话的语气表现出聚财被逼允许婚事的愤慨心情,不过婚事本身引起他的愤慨的程度,似乎不如媒人小旦的恶劣态度尤甚。这语气还预伏着聚财以后对这婚事的动摇,构成父女间的矛盾。"这样厉害的媒人",十分幽默。这种写人物对话的笔墨是精炼而传神的。

后来二姨调解聚财、软英父女二人的争执时,同父女二人各作一次谈话,也都是精彩的性格描写。二姨先劝聚财,摸清聚财对软英婚事的看法,又以这些看法去说服软英。实际上这就是父女二人针锋相对的观点通过二姨的劝说表现出来。小说不是单纯地亮明双方的观点(那就是我们平常称之为"说教"的东西),而是表现性格的冲突。尤其软英的语言,凝炼、明朗、富有感情,一个热烈追求自主婚姻的少女形象站立在读者面前。下面是二姨同软英的谈话:

……"你爹说小宝那孩子没出息,不会为自己打算,当了一回积极分子没得翻了身。从这件事上看,将来恐怕过不了日子!""小旦有出息,会给自己打算,没'问题'也会捏造'问题'分骡子。照他那么说,我就该嫁给小旦?""你爹说刘家虽说挨了斗,在下河还是个小财主!""他财主不财主,又不是缺个爹!""你爹说男人大个十四五岁,也是世界有的事!""做小老婆当使女都是世界有的事,听高工作员说自己找男人越发是世界上有的事!难道世界上有的如意事没有我,倒霉事就都该我做一遍?"

最后,软英表示决不嫁给地主的儿子刘忠,一定要嫁给小宝。她说:"反正我死也不嫁给他,不死总要嫁给小宝!"这里把"死也不"如何如何,"不死总要"如何如何的句式,连用在一句话里,表现的感情十分激昂动人。这使人想起赵树理后来写的《登记》里小飞娥对着罗汉钱所发的感慨:"罗汉钱!要命也是你,保命也是你!人家打死我我也舍不得你!咱俩死活在一起!"这些近乎歌吟的语言都是高度凝炼的语言,是诗化了的日常用语。

在《邪不压正》里,有些次要人物的对话,写得有声有色,虽然不能就说是性格化了的语言,但真切自然,令人心折。如地主刘锡元在斗争会上狡辩时说:"我只凭良心说话!你是我二十年的老伙计,你使钱我让利,你受粮我让价,年年的工钱只有长支没有短欠!翻开账叫大家看看是谁沾谁的光?"这里把一个尚未斗倒、能言善辩的地主的神态语气写得活灵活现。其他如安发老婆和小昌老婆一在房内一在院内，隔窗争吵，讥讽嘲弄，那尖酸锋利的口吻，不十分熟悉人民语言是绝难写出的。

以上，仅就人物对话方面略举一二，《邪不压正》值得学习借鉴的东西还有不少，细心的研究者如果重读这篇作品，收获一定会更大的。近年来看到一些研究赵树理艺术技巧的论文，所举例证，常常有重复，如李有才的窑洞，三仙姑的打扮，《登记》的开头，《三里湾》的扣子，等等。当然，对那些有代表性的作品仍要从深度上进一步探讨，但是对一些新发表的遗作或过去未来得及仔细研究的作品也要从广度上加以开拓，以充实关于赵树理研究的成果。

李国涛

原载《汾水》1980年第4期

# 剖析人物的灵魂
## ——成一小说的艺术特色

在当前描写农村生活的青年作家中，成一是独具一格的。在不长的创作经历中，他形成自己的风格，这很不容易。成一也曾怀疑他是否过早地将自己的写作局限于某种追求，也就是说，是否过早地形成一种风格。我想不是。成一不是囿于某一种已为别的作家所开拓的艺术天地里，不是模仿某位大作家的风格，因而自己限制自己，按某种模式进行精神生产。成一是根据自己对生活的观察体验，根据自己的艺术观点而进行创作，以形成自己的风格。这是应当的。

成一在习作阶段没有发表过什么作品，他最初有些什么样的探索，经历过什么样的失败（这是必然会有的吧），我们无从知道。成一发表的第一篇作品就显得相当老练，以后写出的作品都保持着这种风格。因此成一给读者的印象是：一开头就比较成熟。成一发表第一篇小说的时候三十五岁，从大学中文系毕业已经十年了。从大学毕业到发表第一篇小说，他对生活的理解，他的艺术趣味，他的文学语言特色，大体都已形成，缺少的只是艺术实践。因此不妨说，第一篇小说的创作乃是他积学育成的表现。也因此,我们很快地看到成一走向成熟。

成一初试锋芒的获奖作品《顶凌下种》发表于1978年《汾水》第一期。同年年底,也就是说经过一年的努力,三易其稿,成一才在《汾水》十二期发表了第二篇小说《七月二十二》。它向读者表明,成一在努力奋斗,他能够拿出不次于《顶凌下种》的新作,使自己保持在一定的水平上。1979年成一在各报刊上发表了《连襟》《柳主任》《五月鲜》《四嫂》和《扬花时节》。这些小说成色不等,就全体看来,显示出了成一艺术上的特色。今年年初笔者在一篇短文中(见《山西日报》1980年1月10日第三版),把成一的艺术特色归纳为三点,即:第一,从平凡的生活场面中表现自己的人物,不追求事件的刺激性,不追求情节的紧张性;第二,刻画人物从容不迫,不急于把人物的性格"突出"出来,贴上标签,填上鉴定表;第三,细致而深刻的心理描写,向人物灵魂深处开掘。如果说以上的看法尚无大谬的话,那么,在今年一年中成一发表的五篇小说是把以上所说的特点更加发展起来,更加深化。这五篇小说是:

《滴滴清明雨》 (《汾水》第1期)

《绿色的山岗》 (《北京文艺》第4期)

《卸了装才美》 (《汾水》第5期)

《远天远地》 (《新港》第7期)

《人样儿》 (《汾水》第10期)

成一在进行严肃的艺术探索,取得了较好的成绩。他的小说极其真实地表现当前农村的生活,摒弃图解政策;相当深刻地挖掘各类人物的灵魂，不只讲几个故事；乐观而含蓄地表现农村的变化，不作浅薄的赞颂。凡此种种，在思想上，在艺术上，都该给以应有的评价。尤其在艺术上，应当给以深入的探讨。

有些作家、有些作品能立刻吸引广大的读者群，引起轰动。有些作家、有些作品，其艺术力量却要较长的时间才能显露出来。甘蔗和橄榄，各有妙处。但甘蔗一咂便知其味，而橄榄却要慢慢品尝。成一的小说属于后一种，它要求读得细一些，读后要请你再回味一下。

成一写的大都是粉碎"四人帮"以后这一时期的人物。这些人物带有这个历史时期的鲜明的特点。成一不是一般地写人，而是重在写人物的感情，写人物在某一特定事件中的心理变化。读者总会从这些人物身上看到他们灵魂中的某一种新鲜的、未曾为其他作家所道及而为成一所深切体会到的方面。因此，这些感情很能引起读者的共鸣。

我们一般读者比较习惯于通过人物的行动来表达人物思想感情的方法。这种方法能不能称为我国传统的表现方法，还是有争议的。但是总可以说这是我国常见的方法。另有一种写法是对人物的心理状态作静止的描述与分析，这在西方的小说中见到的更多。近来"意识流"的描写方法渐渐为我国一些作家所采用。它的主要特点是采用时序颠倒、空间变幻的方法，写人的潜意识，写人的回忆、联想或瞬间的感受。深刻、新鲜、敏锐，是这种手法所常取得的效果，而扑朔迷离，则是它的缺点。成一在他的几篇小说里是把人物心理描写放在注意的中心的，他也注意刻画行动,不过他不是通过行动表达心理,而是以心理活动支配行动。他描写什么样的环境、情节、场面,给人物造成什么样的心理活动;进而写什么样的心理活动使人物产生什么样的行动。行动,是人物心理活动的结果。人物的思想是清晰的,行动是理智的,感情是深刻的。一种心理活动贯穿一篇小说的首尾,心理刻画完成,人物刻画也完成,小说结束。上举的五篇小说大体都是这样写成的。

成一艰苦地分析解剖人物的各种感情,他亲自品味那种种的感情,然后向读者诉说。作者的诉说又不是大喊大叫,他带着温厚的含蓄,很简洁、很克制地讲着自己的感受。成一常常是反复地描述着他的人物的某一种感情,或者层层递进,或者从各个侧面,把那一种感情写得很深,很透。因此。成一的人物总是带着他特有的某种感情走入读者的记忆。

《滴滴清明雨》以严格的现实主义精神写一个普通党员自己觉出"有一种潜在的意识在慢慢复苏",他努力压抑它,却总压抑不住,这是党性的复苏。它表现在一件小事上,表现得很顽强,甚至主人公任丙月本人都控制不住自己的这种意识。在党内生活长期不正常,不正之风风靡一时的情况下,请一位部长去过组织生活,都成了一件颇不寻常的事。小说反复地写到任丙月的犹豫——冲动,冲动——懊丧,冲动——控制,控制——复苏!一种宝贵的党性感情复苏了,像地下的熔岩,终于突破。那千回百转,不思量自难忘的感情,折磨得人好苦啊!《绿色的山岗》写金芳姑娘逃避权势者的无耻追逐,而去追求真正的爱情。作者浓墨重彩写金芳从玉柱那里感到的"苦涩味儿""苦涩的刺痛"。玉柱无止无休的嘲笑，使金芳感到"苦涩"，而金芳又从玉柱的嘲讽之中感到玉柱自己心里的"苦涩"。在这里，爱情的苦涩和爱情的欢乐，爱情的刺痛和爱情的追求，微妙地交织在一起。这一段细致、深刻而含蓄的心理描写，在近年来写爱情生活的短篇小说中是较有特色的。《远天远地》写地委齐书记到僻远的山村大狼沟去。大狼沟的支部书记薛二狗是一位艰苦廉正的同志；但是他那种穷困难熬的生活，落后愚昧的思想，使齐书记感到羞愧，产生"沉重之感"。齐书记的到来也使薛二狗产生羞愧，他这种羞愧的内容是："唉唉，远天远地来咱这荒山野村，受委屈哩……"正是薛二狗流露的这种羞愧，更加重齐书记的羞愧，他自责：失职了。薛二狗憨厚，没有一句怨言，他对齐书记的光临只有真诚的喜悦。齐书记要从薛二狗的谈话、表情里寻找一点讽刺的意味，终于找不到。这样也就更使一位敢于自责的领导干部感到痛苦。小说紧紧围绕这两方面的羞愧与不安的感情做文章，深刻到使读者心痛。《人样儿》描述一个光棍儿订婚以后的喜悦。这种喜悦是摆脱被轻视的地位，能够同周围的人们站在平等地位的人，所产生的喜悦。值得一提的还有，作品中刻画光棍儿杨甲元的心理状态是十分细致的，甚至那种对妇女的略有变态的心理，也十分真切。作品中写他的瞬间的直觉和联想，带有"意识流"手法的意味，比如杨甲元得知婚礼上的新媳妇同街上的疯姑娘都叫"彩云"时，他忽然觉出她们的面貌也极其相似了。

　　成一对人物心理、人物感情的描绘当然不是孤立地、静止地进行，而是在艺术情节、细节和场面中进行的。成一的小说不追求情节的紧张、场面的刺激。但是，成如容易却艰辛。他要在平淡中见深刻。这是他的另一种追求。他努力地提炼情节，捕捉细节，结构场面，以便在其中展示自己的人物，描绘他们的感情。《滴滴清明雨》写到任丙月走进崔部长办公室请他参加组织生活会，正值崔部长同剧团团长老谢一起大谈戏经，大过戏瘾。那场面，那气氛，确实是匠心独运，笔墨传神。有了这特定的环境，人物才能出来，人物的心理活动才真切、有据。《远天远地》几乎没有什么情节可言。但是，读者读到薛二狗背一筐驴粪蛋，上面放着几块冰凌，再听说那冰凌是要带回家中化水食用的，这时，读者会为薛二狗难过，也会了解到齐书记羞愧的原因。薛二狗几次三番记不住齐书记的姓，窘得面红耳赤。这在生活中也许根本不算一回事。但是，这正是成一所追求的细节，正是"踏破铁鞋无觅处"的珍宝。这篇小说里最出色最感人而且贯穿始终的细节，就是这个。点明主题的，也靠这。两种"羞愧"，都在这样的细节中表现出来。《绿色的山岗》情节是曲折而完整的。但是作者用跳跃的笔法，着重写几个场面，即男女主人公的四次会面。每次会面都在一个新的情节发展中，每次会面对的对话，都把玉柱的嘲讽表现得更有刺激性，更能刺痛人，——而实际上被刺痛的也包括他自己。这几段对话都是那样简洁，却包含着浓烈的感情。

成一在小说中常把某一种感情直截了当地点明。他在叙述语言中明确概括：这是一种"冲动"和"懊悔"，或是一种"苦涩"

和"嘲讽",或是一种"沉重"和"羞愧"。请不要以为作者的手法太直率。作者向读者指明了这种感情,他就在以后的情节、细节、场面里三次五次地把这种感情加以描绘,并且加以剖析。成一的这种心理剖析同作品的内容糅合得十分匀称,十分协调,给小说带来特有的风味。这就是成一小说风格的重要特色。

当然,在有的作品中,这种不断的心理描绘,以及多次地使用同样的词语来表达,有时也给作品造成沉闷的感觉,相应地,语言也会显得冗赘。这是成一小说不足的一面。因此有的读者说成一的小说不明快,不好理解。这里面有属于艺术风格含蓄、于平淡中寓深切的方面,它要求读者适应作者的手法,读得细一点;也有属于繁复拖沓之处,这就要求作者适应读者,写得明快一些。

成一在努力攀登,力创新境。愿他扬长避短,标新立异,做出更大的贡献。

李国涛

原载《汾水》1980年第12期

# 老作家与后来者

一位大作家、大学者，在面对自己的宏富著述时，心里总不免会产生一种自豪之情吧。那么，当他提起笔来，为自己的皇皇巨著写序言时，这种心情当更来的强烈。——这是按我辈常人的想法去想的。具体到不同的人为不同的著作写序时，心情当然又千差万别。

鲁迅是深知他自己的著述的价值的。但是他面对自己的著述时却常常想到后来者，希望他们跟上来，并希望他们超过自己。他的感情表达的那样真挚，那么深沉。我每读到那些话真感到这位伟大人物的博大胸怀，他是完全跳出个人的欣慰、自豪之感的。

我印象最深的有两处。一是《中国小说史略》的题记。《史略》成于20年代，它的学术地位是不必在此多说的，要说的是此书出后十年还是"别无新书"。

鲁迅不是因为自己长居"领先"地位而高兴，相反，他在题记中说了这样的话："大器晚成，瓦釜以久，虽延年命，亦悲荒凉，校讫黯然，诚望杰构于来哲也。"情深意长，文字也美极了。

以上这则题记写于1930年。到1932年，鲁迅自己整理了《鲁讯译著书目》，这可算是全面检阅了自己的成就。写完目录之后，鲁迅又写了几段话，其中就说到后人跨过前人的问题："后来的青年，只要做出相反的一件，便不但打倒，而且立刻会跨过的"。他希望青年"必须跨过那站着的前人，比前人更加高大"。鲁迅写这番话的时候，正受到一些青年人的攻击，鲁迅的心情很抑郁。纵然如此，他还是希望青年人切实努力，超过自己。我们看得出，鲁迅是真心诚意地这样想的。"灯下独坐，春夜又倍觉凄清"，但是他坚信："世界决不和我同死，希望是在于将来的"。我觉得，在这里，鲁迅是把自己和后来的青年人都放在历史的发展过程中来思考了。这样，他写这些文章时，心胸怎么能不开阔呢？

李国涛

原载《汾水》1981年第6期

# 鲁迅所钞傅山小札

《鲁迅日记》1927年所附的书帐之后又附着一篇题作《西牖书钞》的材料,是钞录的几则古书。第一则的原文是:

严元照《蕙榜雜記》:近见徐昆《柳崖外编》载傅青主先生一帖,语极萧散有味、录之于此云:"老人家甚是不待动,书两三行,眵如胶矣。倒是那里有唱三倒腔的,和村老汉都坐在板凳上,听甚么飞龙闹勾栏,消遣时光,倒还使得。姚大哥说,十九日请看昌。割肉二斤,烧饼煮茄,尽足受用。不知真个请不请?若到眼前无动静,便过红土沟吃两碗大锅粥也好。"

外省人不知如何,凡在山西太原一带生活过的人,读了这个短札是会觉得亲切有味的,(这里面"看昌"之"昌"据《霜红龛集》作"唱"字)因为都是地道的太原方言。"不待动"是不想动的意思;"眵"音侈,病目中的分泌物;"村老汉",村里的老头。此外如"使得""受用",直到现在还在农民口头使用。

但是鲁迅钞录这些东西,是为了什么呢?不会只为了欣赏那几句方言的使用吧？此外，从史料、民俗的观点看来，实在也没有什么价值。我想，鲁迅之所以录下这一则大约仅仅就是为了"语极萧散有味"这一点。我们赞美壮阔豪迈，推崇秀丽挺拔，欣赏辛辣幽默，等等。但是"萧散"这一格，久已夫无人谈起了。然而这也是一种美，是艺术的一品，是诗文的一格。傅山的帖子如此，郑板桥的书札也具有这种意味，要就近一些的说，现在发表出来的一些老作家在十年动乱中写的诗文、题跋，也有"萧散"之意。那种"萧散"是对红灯绿酒、纱帽朝靴的疏远和鄙弃。鲁迅钞下傅山的这一则书札，大约是在欣赏傅山的这一点吧。

或问：萧散的格调我们还需要吗？答曰：仍然是需要的。生活、情感，都有多种。人不能永远在激烈或绵密之中，文亦不能如此；艺术中的萧散给人以疏淡空阔之感，使人开朗放达，却并非使人颓废。

读书偶记数语，作补白之用。

李国涛
原载《汾水》1981年第10期

# 赵树理艺术成熟的标志
## ——读《盘龙峪》（第一章）札记

1943年赵树理发表了《小二黑结婚》和《李有才板话》，在解放区和全国进步文学界都引起很大的轰动，这已经是一个人所共知的史实。周扬同志1946年在《论赵树理的创作》中指出："他是一个新人，他是一个在创作、思想、生活各方面都有准备的作者，一位在成名之前已经相当成熟了的作家，一位具有新颖独创的大众风格的农民艺术家。"周扬同志的这种评价为以后的研究者所接受，因为这种评价合乎事实。但是，赵树理是在什么时候成熟的呢？他的艺术上的成熟是在怎样的条件下完成的呢？这些问题似乎还有待于深入的探讨。

探讨要有条件。思想解放的运动是一个重要的历史条件。新近出版了《赵树理文集》，其中收了一些重要佚文，这是物质方面的条件。那么，我们就试着做一点探讨吧。

赵树理在艺术上是在什么时候成熟的？

我看，是在1934年。

何以见得？

下面粗陈鄙见。

先说什么叫艺术上的成熟。对一位作家说来，成熟的标志就是艺术风格的形成。周扬同志所说的"创作、思想、生活各方面"的准备，集中表现在艺术风格上。关于赵树理的艺术风格本身，在这里不必详细论述，《小二黑结婚》和《李有才板话》就是这种风格的代表。

过去我们所能看到的赵树理的作品，就小说而言，最早的也就是这两篇。似乎风格始于此。新出的《赵树理文集》附录了《糊涂县长》和《到任的第一天》两篇小说，是分别用黑丑和何化鲁的笔名发表的，发表的时间在1934年的4月和8月。如果这两篇小说确是赵树理写的（《赵树理文集》编者在《附录说明》中说"可靠性还有待于进一步查实"），那么，这可以说明他当时处在一个急剧变化的过程中，算不得成熟。因为，很明显，这两篇小说同四十年代以后的代表作在风格上有很大的差异。

在《赵树理文集》出版之后，赵树理的研究者董大中同志在1935年的一个刊物上发现了赵树理长篇小说《盘龙峪》的第一章，当即刊载在《汾水》1981年第五期上。这是一个很重要的发现。这篇小说同《小二黑结婚》等在艺术风格上的一致，是一望而知的。不需要其他方面的更多证明，也可确认为赵树理的作品。何况小说所署"野小"的笔名和《盘龙峪》的篇名，都是赵树理自己曾经谈到的。

据赵树理自己说，《盘龙峪》全书近二十万字，写的是"农民和封建势力做斗争的故事"。现在发现的第一章，才八千字，只算是"神龙见首不见尾"。从小说开头所展现的气势来看，当有一番出奇制胜之处。可惜的是，《盘龙峪》各章当年不是在一个报刊上发表的，今后大约也难见全貌了。但是仅从第一章来看，我们也可以说，这是出自一位成熟作家的笔下的小说。在这篇新的材料出现之后，我们可以进一步说，赵树理在写《盘龙峪》的时候在创作上、思想上、生活上，已经成熟了。

《盘龙峪》第一章写的是十二个农村青年结拜弟兄的故事。太行山里偏僻农村30年代的生活，活生生地展现在读者面前，真可以说是具有民俗学、社会学的价值。赵树理摹写人物的白描手法，他的那种农民式的幽默，对生活的乐观、热爱，对剥削者的嘲讽，以及语言的洗炼、精确、通俗又雅致，都已经完全形成。我们不必细致地分析这篇小说，但是可以适当地摘引出几段，读者自会确认其中的赵树理风格。

第一章的开头就是赵树理小说的惯常手法（使人想到《灵泉洞》的开头）："没有进过山的人，不知道山里的风俗。"接下去两段介绍盘龙峪这个地方。下面，人物和故事就出现了：

> 这一天是阴历八月十五，西坪上有个名叫兴旺的，提了个酒葫芦上北岩来。他出门时天就下着小雨，他以为不打紧，谁知走到半路上雨就大了，把他湿得水鸡儿一般。
>
> 他刚进了村，就跑进一家院子里去，口里喊道："好大雨！"急忙两步奔到檐下。
>
> 屋子里隔着竹帘喊道："兴旺哥！呀，你却吃苦不

小！这么大雨，你怎么跑得来？"

"为朋友的事也讲不起。"

"快进里面来避避！"

这人名叫有发，有二十三四岁年纪，是个做小买卖的——乡间用着什么他就贩什么，贩来到各村卖。

兴旺把湿透了的鞋脱到门外，赤着脚走进来。有发见他的小衫子也湿透了，连忙取一件干的叫他披上，并且说："把裤子也换一下吧？"

兴旺答道："裤子不妨事，只不过是小腿一截湿了些，上部还是干的哩。——你村不是唱社戏啦吗？你怎么没有出去做生意？"

"我刚才回来。前天担了一担花红果子，昨天晚上卖了些，今天却逢着这种天气，戏台下站不住人，没有生意。——唷，你拿这么大一个葫芦做什么？"

"人家结拜干弟兄啦，叫我给人家打些酒。"

"都是谁？"有发最好打听这些事。

于是，兴旺便向有发介绍这十二干弟兄，简要地说出一群人物的身世和其间的关系，语气时庄时谐，调侃幽默，又夹以伤时骂世，读起来兴味盎然。

兴旺这个热心肠的农民，在有发这里打了五斤酒；因为有发没有五味调料，就到那个外号叫木头刀的铺子里去。兴旺进了木头刀的铺子，只几句对话把两个人的性格、地位都很清晰地勾画了出来；尤其是对比着前面在有发家的热情气氛，很深刻地写出穷富间的对立。在这里已经充分显示出赵树理以白描手法写人的功力。且看：

> 兴旺见有发没有卖的五味调和，就提了酒葫芦，别了有发向木头刀铺子里来。
>
> 他走进铺门叫了声"掌柜"，只见套间里走出一个苍白胡须的老头，手里拿着一把旱烟管。这老头正是木头刀。开口便道：
>
> "送钱来了吗，兴旺？"
>
> 兴旺忽然想起夏天还在他铺赊了几尺白粗布，欠他一吊多钱，赶忙笑道：
>
> "嘻！我竟忘了！那几个钱，明天一定给你老人家送来。"
>
> 木头刀冷冷地答道："小衫子上了身，自然就不记得布是赊了的。——买什么？"
>
> "买些花椒、茴香……"
>
> "你拿着葫芦不是还打酒吗？"
>
> "酒已经打上了。"
>
> "外面有卖酒的，没有卖花椒茴香的。是不是？"
>
> 兴旺觉得木头刀的话头有点不对，忽然后悔着自己没有把酒葫芦寄放在有发家。但既然进来了，也得生法儿出了这个铺门，就硬着说道：

"你只说你有没有吧?"

木头刀把嗓子拉得长长的,轻声地说道:"有……"

兴旺正去取钱,他却接着又说道:"……却是卖完了!"

兴旺气得掠回头就走,只听见他又说道:

"有钱过节,只是没有钱还账。"

这里的细节描写只是一只酒葫芦和几尺白粗布钱,引出的对话也只极短的十来句,但人物的神情、心理,可以说是跃然纸上了。兴旺的热情、粗心而宽厚,木头刀的尖酸刻薄,居高临下,都在一来一往的对话中表现出来。要说这一个回合的胜利,那当然是属于木头刀的,但预示着深广的矛盾。赵树理的小说,在淳朴的外表下,隐藏无限的神韵,在平凡的情节中彰显历史的轨迹,在通俗的语言里蕴含丰富的艺术美。这些特色,在《盘龙峪》第一章里都体现出来。

赵树理对农村生活的喜爱,对农民的亲切,以及对农村各类人物的熟悉,在《盘龙峪》里表现出的,比他四十年代作品中表现出的,毫不逊色。请看《盘龙峪》第一章里,那一群生机蓬勃的青年们,他们同《李有才板话》里"小字辈"的人物,是多么相似啊!下面是结拜敬神时的一个小小场面。

得水老婆道:"你们还没有敬神,怎么就先炒菜,先闹着自己吃?"

得水道:"菜没炒出来,怎么敬神?"

得水老婆道:"你们没有吃过猪肉,难道也没有见过猪跑?放着整鸡不敬神,炒碎了才敬神吗?"

小松道:"难道关老爷爱吃囫囵鸡?"

春生道:"你们不用再辩了,原是咱们一时迷了:谁敬神也是囫囵鸡,从没有先炒了然后敬神的。"

大家一想说:"是呀!"

春生道:"要不,咱就先敬神吧!"

在这里,结拜弟兄,敬神献礼,虽是一种迷信的仪式,但实际上几乎没有迷信的内容,只是兴致勃勃的青年聚会,打趣斗嘴,不但彼此谈笑,而且调侃关老爷。这样的场面,我们在赵树理的小说里见到得不少,甚至可以说只有在赵树理的小说里才表现得这样有趣。

以上的简略分析,意在证明一点,即赵树理《盘龙峪》(第一章),表现出他的艺术风格的形成,表现出这位三十年代新作家的成熟。

《盘龙峪》发表于1935年2至4月。据董大中同志《盘龙峪(第一章)的发现》说,"当写于1934年"。我想这个论断是正确的。赵树理1966年冬写的《回忆历史,认识自己》中也说过:"我有意识地使通俗化为革命服务萌芽于1934年,其后一直坚持下来。"那么,我们把赵树理的成熟时间断为1934年该是合理的。《赵树理文集》附录的《赵树理著作年表》把《盘龙峪》列为1933

年的最后一篇,这同我们的说法基本一致,因为长篇的创作谅非短时写完,跨年而成,或陆续写就,都有可能。

我们从新发现的《盘龙峪》第一章,确定赵树理艺术上的成熟时间,这有什么意义呢?首先,使我们更清楚地看到一位重要作家的创作历程。但是,我们还想由此来论述一番赵树理在30年代前期已经成熟,这在文学史上的意义。

这不是说,由于赵树理在1935年已经发表《盘龙峪》这样的佳作,就要在30年代的文学史中给赵树理一个适当的地位。当然,在论述中国30年代的文学时,是可以考虑到这一点的,因为赵树理的这一小说断片较之30年代写农村题材的其他作家的小说并不逊色,而且确有自己的特色。甚至可以说,在30年代里出现这样一位"农民艺术家",是应当给予特别的注意的。但是,赵树理的这部作品,在当时的无名小刊、小报上发表,默默无闻,毕竟没有什么影响,也没有引起文学界的注意,而且,至今也只有这一章被发现。值得探讨的倒是,赵树理在30年代立志从事文学大众化,达到这种极不易得的水平,而且可以说是标志了一位新型作家的成熟,这是由于什么样的历史条件形成的。

我们说,这是"五四"以后,尤其是"左翼"文学的历史发展的结果。以前,我们只从《小二黑结婚》开始来研究赵树理,评价赵树理,仅仅从《在延安文艺座谈会上的讲话》对赵树理的启发教育来研究赵树理,评价赵树理,看来是不够全面的。

毛泽东同志在《新民主主义论》等著作中谈到1927年到1937年这段历史时期的文化运动时说过,当时有两种反革命的"围剿",即军事围剿和文化围剿,也有两种革命的深入,即农村革命深入和文化革命深入。反革命的力量把这两种革命的深入阻断了,但是它们是力图结合起来的。1930年到1934年之间,"左翼"文学家展开了文艺大众化问题的讨论,就可以说是革命文化大军要同广大工农结合起来的一种要求。由于这个讨论没有重视作家的立场、感情问题,主要限于形式和语言的问题上,所以大众化的问题并没有得到很好的解决。而且,由于政治、历史的原因,作家们实际上不可能同工农结合起来,所以,实际上也没有产生重要的大众化的文学作品。

鲁迅、瞿秋白和周扬等同志,在这次讨论中都发表了很多重要的、有指导意义的见解。他们的远见卓识对以后文艺大众化有很大的影响。在这次讨论中,他们都很注意所谓"旧形式的采用",同时也强调革新;他们也注意到中国大众语产生的实际困难,提出要从实际出发。瞿秋白同志曾经设想"在五方杂处的大都市里,在现代化的工厂里面",可以产生一种能为较广大群众所理解和使用的普通话。鲁迅在《门外文谈》中也表示了类似的意见,但是鲁迅还是说,大众语"主力也恐怕还是在北方话里罢"。特别值得提出的,是他们都考虑到穷乡僻壤间大众语问题,实际上也就是用什么语言给农民写作品的问题。鲁迅《答曹聚仁先生信》里说"在乡僻处启蒙的大众语,固然应该纯用方言,但一面仍要改进"。瞿秋白对"乡僻处"农民语言的看法略有不同,他说"'乡下人'的语言是原始的,偏僻的"。他的注意力主要在于工人语言。

我们在这里提出这一次讨论，要说明什么问题呢？

要说明的是：在30年代上海进行大众化问题论争而没有产生出真正大众化作品的时候，在僻远的太行山山沟里，却有人实践了革命的主张，并取得可喜的成绩。这个人就是赵树理。

赵树理不是用五方杂处的大都会工人语言写作的，而是用"乡下人"的语言写作的。这是当时关心文学大众化的革命理论家们曾经注意到，但是没有充分展开的一个问题。虽然赵树理当时创作的《盘龙峪》（也许还有其他的作品）没有也不可能广泛流传，但是，以后按照这个路子写出的《小二黑结婚》和《李有才板话》，在新的历史条件下出现，又以更新的思想面向新的读者——应当注意，当时《盘龙峪》是很难传到农民手中去的——就引起极大的震动。这说明，赵树理在三十年代探索出的这个路子，本来是可行的。以后的历史证明了这一点。直到现在为止，用农村群众的语言写出大众化的作品，其成绩要比用大都市五方杂处的语言写出的作品大得多。

赵树理取得的成绩不是偶然的。

30年代里，中国无产阶级的文学，同中国的工农大众一样，遭受着敌人的压迫、残杀；同时也日益发展壮大。但是，就"左翼"文学的内部成分而言，"还没有农工出身的作家"。（鲁迅《黑暗中国的文艺界的现状》）因此，作家同广大工农在思想感情上仍然有一定的距离。这个问题直到1942年以后才得到彻底的解决。但是，30年代中期的赵树理，由于家庭的经济情况，由于长期的农村生活，他在三十岁以前（也即1935年前）种过田，上过学，教过私塾，当过村里的小学教师，当过学徒，住过监狱，在深山中流浪时行过医。他虽然是学生出身，但具有很浓厚的农民气质，是一个农民化的知识分子，或者如周扬同志所说，是一位"农民艺术家"。他没有步入过文艺沙龙，始终是一个"乡下人"，而且保持着农民的思想感情和美学趣味。赵树理在《回忆历史，认识自己》中说到他从事通俗化文学的经历时说：

> 我的语言是被我的出身所决定的。我生在农村，中农家庭，父亲是给"八音会"里拉弦的。那时"八音会"的领导人是个老贫农，五个儿子没有娶过媳妇，都能打能唱，乐器就在他们家，每年冬季的夜里，和农忙雨天，我们就常到他家里凑热闹。在不打不唱的时候，就没头没尾的漫谈。往往是俏皮话联成串，随时引起大笑，这便是我初级的语言学校。

赵树理的语言功底在这里。更重要的还有思想感情上的"结合"，其实他在30年代就已经基本上做到了这一点。

如果仅仅具有这种思想上、感情上、生活上的准备，也还是不能使一个新人成熟起来。赵树理生活在偏远的山区，大量的时间待在农村，一部分时间待在太原。而当时的太原，虽然在阎锡山的严密统治下，接受"左联"思想影响却是很快的，还有一批青年是在鲁迅的直接指导下进行文艺活动的。据目前所能接触的材料看来，从20年代中期开始，山西籍的许多青年文艺工作者在北京或上海同鲁迅有过接触,其中有高长虹、阎宗临、石评梅、段干青、田际华(唐诃)、郝力群等人。在鲁迅的指导下,力群等组织过"木铃木刻社",在杭州进行活动;唐诃等组织过"榴花社",在太原进行活动。鲁迅给唐诃的信,具体指示他们在太原这种落后地区进行活动的方针、方法。革命的文学、革命的美术,在太原较好地开展起来。与此同时,另一些革命的青年文学工作者史纪言、王中青、杨蕉圃、杜任之、亚马等人,也利用一些刊物和报纸副刊,进行活动。在30年代中期,不知山西是否建立"左联"的组织,但是革命文艺力量却是不弱的,这只要再看一看鲁迅逝世后太原举行的追悼活动,隆重、悲壮而持久,就可以知道。

赵树理同王中青、史纪言等同志是同乡、同学、同事,关系很深。他们都是在鲁迅的教导下,在"左联"的影响下从事文学活动的。30年代在上海进行的论争,很快就引起这些人的注意。在《赵树理文集》里附录了以"何化鲁"的笔名所发表的五篇文艺短论,都是就上海的这次论争而展开的,有的是就《申报·自由谈》里的观点进行论辩的。这些论争的中心,是关于文艺大众化的问题。可以看到,何化鲁对当时文艺大众化的问题是很熟悉、很有见地的。他在这些文章里说,"所谓大众语,并不尽是'奶奶雄,操他个奶奶,妈拉个八'等等粗陋的语言""所谓大众文学者,必然是大众的一般的语言,听得懂、说得出的言语。"而且这些文章还进一步说,"只要你能实地参加在大众的生活里,体验了大众的心情与体态,用大众的语言,是可以产生出大众的作品的。"

如果何化鲁确是赵树理,可以证明他在1934年对大众化文学已有相当深刻的理解。如果何化鲁不是赵树理,那也可以说明在山西当时的文学界,对大众文学的讨论是很关心的。赵树理说他"有意识地"搞大众化文学,始于1934年,而《盘龙峪》的创作也在这个时期里。这同全国范围的关于文学大众化的讨论是有直接关系的。因此,是不是可以这样说:在上海进行的理论讨论,在太行山山沟里结出了第一颗籽。

《盘龙峪》是相当成熟的大众化作品。这是赵树理创作的里程碑。在这块碑上,也记载了赵树理语言变化的痕迹。赵树理自己多次说过,他念过古书,读过章回体小说,也受到欧化白话文的影响,并且他用过这样的文体进行写作。《盘龙峪》第一章里有些话也还没有完全退净这些痕迹。比如:

呀,你却吃苦不小!
却是卖完了!
炒坏了却与我无干。

在这里面,那"却"字用法就是古典小说的用法。又如。

咦!世上竟有这样奇事?

这也很类乎《红楼梦》里冷子兴演说荣国府一回里的一段对

话。而写兴旺"忽然后悔着"如何如何,那"后悔"后面的"着"字,就是欧化白话的写法。这些,在《小二黑结婚》及以后的作品中,是看不到的了。

李国涛

原载《汾水》1981年第11期

## 发现和培养马烽西戎的人

马烽和西戎现在已经是老作家了,他们都在热情地帮助中、青年一代作者。长江后浪推前浪,文学先辈助后人。革命文学队伍就是这样一代一代壮大起来。

当年,马烽、西戎还是毛头小伙子的时候,也是被他们的前辈发现并培养起来的。周文同志就是其中的一位。

周文同志1944年在晋绥分局任宣传部秘书长的时候,主持了《七七七》文艺评奖活动(《七七七》就是"七七"抗战七周年的意思)。在这次评奖活动中,马烽的小说《张初元的故事》和西戎、孙谦、常功、卢梦合写的郿鄠剧《王德锁减租》都得了奖。周文在这次评奖中发现了新人。这年秋天,他就把马烽、西戎、束为等几个青年陆续从文联(当时的文联内没有专职创作的编制,也没有刊物)调到《晋绥大众报》去工作。马烽至今还记得当时周文同他谈话的情景。周文同志向他指出作品的优点和缺点,鼓励他继续向群众化、民族化的方向前进。

1944年底晋绥边区召开了一次群英大会。边区的英雄模范聚集到一起,这是一件很了不起的事情。当时周文兼任《晋绥大众报》社长。他要求在报社工作的马烽、西戎全力进行采访,把采访到的故事编成套，在报纸上连载。这部小说原来叫作《民兵英雄传》，周文同志以为这个作品写的不单是民兵的活动，所以由他亲手改为《吕梁英雄传》。

《吕梁英雄传》的手稿都经周文同志看过，他为两位年轻的作者改正一些错别字和不通的语句；需要作重大的修改时他就提出意见来，请这两位作者考虑。周文每次看了前面的故事，就询问后面如何发展，帮助他们出主意。就是在这个过程中，马烽、西戎才知道周文原来是30年代的著名作家何谷天，他的短篇小说《山坡上》当年曾在上海文艺界引起很大的争论。他在鲁迅先生的亲切指导下，曾用通俗文学的形式改编过《铁流》和《毁灭》。所以他坚持文艺群众化的方向不是偶然的。

《吕梁英雄传》在报纸上还没有连载完的时候，周文就调离了晋绥边区。他临行之前还为《吕梁英雄传》写了很长的一篇序，对马烽、西戎表示关切和支持。这篇序文原先曾印到《吕梁英雄传》前，后来收入《中国人民文艺丛书》时，由于统一体例，这序文便不再用了。但是周文同志敏锐地发现新人，热情地培养新人，为党的文学事业负责的精神，对马烽、西戎，以及山西的许多老作家说来，都是永铭不忘的。

牛力耕<br>原载《山西文学》1982年第2期

# 生活深处故事多

本刊第一期发表曲润海同志的《作家要乐于听故事》，文章写得很生动，很有趣。我这里想接着他的话说。

作家要乐于听故事。故事要到哪里去听呢？当然，周围的同志、朋友，身边妻子、儿女，都能向你讲一些，这些故事就有可能成为写作的素材。据说托尔斯泰的《复活》的故事是听一位当检察官的朋友柯尼讲的。最初托尔斯泰把小说定名为《柯尼的故事》。果戈里的《死魂灵》的故事是听普希金讲的。

当然，那么大部头的著作，光凭听一听是不行的，听来的故事只是一个梗概，有待于大量的生动材料来充实以至修正。这且不说。问题是周围熟人的故事恐怕不会很多，尤其不会很新鲜。在我们生活的时代，要想得到好的故事，就要到生活的深处去听。最近发表的茅盾遗作《回忆录》（十三），记述他写《子夜》的前前后后。其中讲道：1930年秋，"闲来无事，我就常到卢表叔公馆去，跟一些同乡晤谈。他们是卢公馆的常客，他们中有开工厂的，有银行家，有公务员，有商人，也有正在交易所中投机的。从他们那里我听到了很多，对于当时的社会现象也看得更清楚了。"大家知道，《子夜》是写资产阶级生活的，你不到大公馆里去接触上层人物，怎么能"听到了很多"呢？茅盾深入了这种生活，而且到交易所里去看过，所以《子夜》里这方面的人物都写得成功。《子夜》里也涉及了工人的生活，而工人的生活是茅盾当时所难以接近的，因此作品里的工人就写得不够成功。马烽创作中也有这种听故事的例证。马烽同志的名篇《"三年早知道"》里有一个著名的细节，写赵满囤偷偷赶着外村路过的良种公猪去同本村的猪交配，还说"过卡子还能不拿税？"马烽说，这一细节是从汾阳县贾家庄大队支部书记贾焕星那里听来的。马烽同志曾长期深入贾家庄大队，同贾焕星相处很好。住在村子里时常在一起谈心，他听贾焕星讲村里各种人物的表现。说的人无心，听的人有意——也就是"作家要乐于听故事"

这些故事就成为《三年早知道》和《饲养员赵大叔》的情节和细节。

所以我觉得，听故事也要到生活的深处去听。听故事也不要总是一手拿本子一手握笔，摆开架势作记录。那样会弄得人家莫名其妙，不敢讲故事了，或者讲不好了。要同人家交朋友，聊天，故事自然会出来。遇到了不会讲故事的人，也不要为此就冷淡了人家。也许这位同志的内心生活丰富得很——严格说来，谁的内心生活都很丰富。同他交上朋友，了解了他的丰富的内心世界，你得到的不是一个故事，而是一个活脱脱的人，这个收获也许更大。

生活深处故事多。别人讲的是故事，自己经历、观察到的，不也是故事吗？前一种故事要别人讲，后一种故事就是亲自经历的了,你也成了其中的角色。自己的经历、观察,这是活着的故事,对于搞创作的人说来也许更重要。

于一木

原载《山西文学》1982年第2期

# 不用"英雄气概"

现实生活中的英雄,未必都有什么"英雄气概"。可是一到艺术描写里,英雄人物便都是魁梧英俊,出语不凡。读者读了以后,往往说:浅。浅者,表面化也。

近来读《战争与和平》,看到托尔斯泰写他的大英雄,那位击败拿破仑的军事统帅库图左夫,可是一点也没有"英雄气概"。库图左夫衰老、肥胖,只有一只眼睛,常常痛苦地呻吟着,简直是一个可怜的老人。托尔斯泰在《战争与和平》跋里说,"如果库图左夫被我画得很好,那么这不是我愿意这样(这与我无关),而是因为这个人物有着艺术的条件,而其余的人却没有。"这个条件就是库图左夫无限热爱自己的祖国,他无声无怨地承担着一切压力,坚持自己的意见。由于战略上的退却,他受到人民的误解,士兵的埋怨,军官的抵制,宫廷的严责;这使他几乎支持不住。他的目标是明确的,他像老猎人在适当时机给予猛兽一击,然后等待着它受伤、挣扎、逃跑——狂奔而去。用忍耐求得时间。忍耐,忍耐,多么痛苦的忍耐。

法军全面溃败,像受伤的野兽,狂奔而去!这一天终于到了。在一个深夜,传令官把这个重大的消息传来。全部军队,整个俄国,都在等待的一个消息,终于传来了。这位库图左夫,"坐起来,一条腿从床上耷拉着,大肚子放在折在身子下面的另一条腿上"。他用这个姿势核实了这个重要的情报。接着,该怎样写呢?立刻向皇帝报告?立刻召开军事会议?立刻打开军事地图?大叫"我们胜利了"? ——不,托尔斯泰的惊人的大笔是这样挥动的:

　　(库图左夫)转向室对面,转向被挂在那里的神像遮暗的角落。"主啊,我的创造者,您已经答应了我们的祷告……"他合着手用颤抖的声音说道。"俄国得救了。我感谢您,主啊!"于是他哭了。

　　读到这里,在一瞬间,人们会感到意外;然而立即又被作者的艺术的力量征服了,以为这才是库图左夫必有的行动。他为俄国祈祷,他为俄国哭泣,他把最神圣的爱国心倾诉在神像前。
　　从表面看来,这没有"英雄气概"。然而,这不是从更深的地方表现了一个特定时代民族英雄的形象吗?
　　这是现实主义大师的笔法,值得学习。

牛力耕

原载《山西文学》1982年第3期

# 陈寅恪论《聊斋》

读著名史学家陈寅恪先生《柳如是别传》，其中对明末清初社会情况多有创见。该书七十五页，由当时江南名妓的生活说到《聊斋》，短短数语，似未曾为他人所道及。录之于下，以省读者翻检之劳：

> 清初淄川蒲留仙松龄《聊斋志异》所纪诸狐女，大都妍质清言、风流放诞，盖留仙以齐鲁之文士，不满其社会环境之限制，遂发遐思，聊托灵怪以写其理想中之女性耳。实则自明季吴越胜流观之，此辈狐女，乃真实之人，且为篱壁间物，不待寓意游戏之文，于梦寐中以求之也。

这是说，《聊斋》中的狐女，在江南风尘女子中已是现实存在了。当时江浙一带，风物繁盛，风气较开明。陈氏所言，也许有一定道理吧。他把北方神鬼故事，拉向南方人间世态。

牛力耕

原载《山西文学》1982年第5期

# 再说"山药蛋派"

在研究赵树理的文学成就的时候,我觉得引用车尔尼雪夫斯基的几句话是很有意义的。车尔尼雪夫斯基在《俄国文学果戈里时期概观》这篇文章中有这样的话:

> 然而果戈里对俄国文学的特殊意义,还不能完全受他的本身创作的价值所决定:果戈里所以重要,还不只是因为他是一个天才的作家,而且同时还是一个学派——俄国文学可以自豪的唯一学派——的领袖……

为了避免误解,应当首先说明,这里并没有把赵树理比作果戈里的意思;其次,也应当说明,俄国文学里只有"唯一"可以自豪的学派,而在我们这里,众多的学派,或者说各种流派,正在形成和发展。那么我们引出这句话要说明什么呢?要说明的是:赵树理的重要意义,不能单从他个人创作上的成就来评价,而要联系到他所代表的一个文学流派,即所谓"山药蛋派"来评价。

赵树理的文学成就的本身,当然是比不上果戈里的。但是他的文学活动,在成功地塑造新型农民的形象,在满足农民的审美要求从而使革命文学能深入农村,在使用农民语言、继承民族艺术传统等等方面,是有着开创的意义的。他的开创引导了后来者,组成一支队伍,从40年代中期到60年代初期,形成了一个"山药蛋派"。赵树理在艺术上有很高的成就,但是也有他的局限和弱点,而后来者,虽然在个人成就上还不能说已经赶上赵树理,但是在新的历史情况下也以他们各自的努力充实了这个文学流派的艺术内容,现在,在更年轻的一代里,"山药蛋派"还在发展着。

作为社会主义文学百花园里的一朵,"山药蛋派"存在着,发展着,这里面就体现着赵树理的成就。

有的同志提出,"山药蛋派"作家群中,有没有共同的艺术主张和艺术实践。我的回答是肯定的。周扬同志1946年发表的《论赵树理的创作》不但从总体上指明了赵树理创作的特色,而且可以说,这也是"山药蛋派"作家们所共同具有的。比如,周扬同志文章中具体提出的几点,我们在迄今为止的"山药蛋派"作品中都能看得到:

> 农民的主人公的地位不仅表现在通常文学的意义上,而是代表了作品的整个精神,整个思想。因为农民是主体,所以在描写人物、叙述事件的时候,都是以农民直接的感觉、印象和判断为基础的。他没有写超出农民生活或想象之外的事件;没有写他们所不感

兴趣的问题。

  他在他的作品中那么熟练地丰富地运用了群众的语言，显示了他的口语化的卓越的能力；……在他的作品上，我们可以看出和中国固有小说传统的深刻联系……

  周扬同志在这篇文章中肯定了赵树理刻画人物的成就，说赵树理的小说"决不是普通的通俗故事，而是真正的艺术品。"文章还指出赵树理刻画了"新的农民"的形象。

  应当说，赵树理的这些艺术特色，同"山药蛋派"作家的追求是一致的。

  为了说清楚问题，我们不妨稍稍回顾一下历史。

  中国"五四"以后的文学主流是革命的现实主义的文学。鲁迅在《我怎么做起小说来》里面所概括的"必须是'为人生'，而且要改良这人生"，乃是这种文学性质的最好的概括。

  从文学自身的角度来看，"为人生"的道路又很多。赵树理把"为人生"的文学，发展到"为农民写作"这条道路上来。鲁迅、瞿秋白等人当年鼓励、培植、期望过的这种文学，终于在30年代中期落地成熟。可惜，鲁迅、瞿秋白这两位伟大的倡导者没有能够看到。

  "五四"时代的文学，以及30年代前期的文学，出现过伟大的作家，也出现过伟大的作品。但是，这个时期的作品同广大农民的关系不是很亲密的，或者说，农民没有能力成为它们的亲密的读者。作家各有他们自己的历史任务。鲁迅的"为人生"的小说,当时的读者主要在知识分子中。比如在语言的使用上,鲁迅说,"没有相宜的白话,宁可引古语,希望总有人会懂"。而在"左翼"文学发出大众化的号召下,赵树理却感到,"五四以来的新小说和新诗一样,在农村中根本没有培活了。"(《艺术与农村》)他说,"我认为写进作品里的语言应该尽量跟口头上的语言一样。"(《当前创作中的几个问题》)所以,他写起文章来就向另一个方面留神——"'然而'听不惯,咱就写成'可是';'所以'生一点,咱就写成'因此'。"(《也算经验》)

由上可以见到,在语言的使用上赵树理从鲁迅那里又向前跨出一大步。鲁迅是白话不够,宁用古语;因为他是要给一般知识分子看的。赵树理是白话嫌文,宁用口语;因为他是要给一般农民看的。当然,我们应当看到,文学语言也可以改变、促进农民的语言,作家可以而且应该通过文学来丰富群众的语言。

为农民写作,这是赵树理的十分明确的目的,从而也形成赵树理的最重要的艺术特色。由这种目的而产生这种特色,就是赵树理同其他许多写农村题材作家的区别。写农村题材的作品很多,鲁迅就写了不少农村题材的小说,茅盾也写了《春蚕》《秋收》等名篇。直到现在为止,许多作家都在写农村题材,这些作品也都各有各的成就,各有各的读者群,各有各的艺术价值和历史地位。以当代作家而论,赵树理的艺术特色最为显著,所谓"山药蛋派"这个流派也较为引人注目,这都是同服务对象明确这一点有关的。

以赵树理为首的"山药蛋派"贵在具有农民的感觉、感情、感受。赵树理在这方面可以说得天独厚，他是一位农民化的干部，农民化的作家，所以他在生活中总有农民的感觉、感情、感受。有了这一切，才能谈到为农民写作。关于赵树理这方面的深厚功底，我们在此不必多说。我们可以从《赵树理文集》中《在大连"农村题材短篇小说创作座谈会"上的发言》里，看到赵树理的三"感"。对于当时农村问题，赵树理认为"浮夸风从五三年开始"，"到了五六年，市场上也觉不足了。农民觉得有了钱买不到东西。过去没有统购，他也要卖粮，因为要钱用。轻工业品不够时，他就觉得卖粮是单方面的任务了，因为拿到钱买不到东西，使人觉得征、购都是征。农民的积极性本是从工农交换上得利产生的。"（在这里说一下，西戎的《赖大嫂》写于大连会议之前，但是"从工农交换上得利"这个"问题"，是用生动的形象反映出来了，这恐怕不是偶然的。）赵树理对"征""购"的说法，完全是农民的感觉、感情、感受，这是靠工资生活的人所不易体会到的生活内容。在反映了一些问题之后，赵树理还说了这样几句话：

六十条里的一条，包了产就动员起了很大的积极性。

物资保证要靠政策：一个是包任务包定额，一个是轻工业供应农村。

这几句话现在看来，简直同十一届三中全会以后的精神差不多。怎么回事情呢？是不是说赵树理在经济理论上是这样高明，早已看到农村经济的问题？恐怕不完全如此，更主要的是赵树理同农民一样"感同身受"，他又毫无掩饰地说出农民的感觉、感受和感情，这一切是符合当时的真实也符合现在的真实的，而党中央的政策正是根据农村的实际情况和农民的实际感受制定的。因此，赵树理表现出一点预言家的才能，也没有什么奇怪。

"山药蛋派"的作家，他们的总的艺术特色同赵树理是一致的，这种一致也是从以上所说的那些感觉、感情、感受里来的。

我们现在所说的"山药蛋派"的老作家，大都在1942年开始从事文学创作，到四十年代中期以后他们的作品才开始引起读者的注意。马烽、西戎的《吕梁英雄传》是一部有代表性的作品。马烽的短篇《张初元的故事》（1944）、西戎的短篇《谁害的》（1948），束为的短篇《红契》（1946）、孙谦的短篇《村东十亩地》（1946）、胡正的短篇《"长烟袋"》（1947）都已经有了浓厚的"山药蛋派"味儿。我以前说过，赵树理民族化、大众化风格的形成，或者说他的艺术上的成熟，是在30年代中期，具体一点说是以《盘龙峪》的写作为标志，那是鲁迅、瞿秋白在上海进行的文艺大众化的讨论在太行山山沟里产生的结果。可惜，正如赵树理的知己、老同学、老战友王春所说，"没人响应他，也没人指导他"。他的《盘龙峪》在不同的小报刊上发表，（目前除第一章外已找不到）根本没有引起任何人的注意。但是，在《小二黑结婚》发表以后，赵树理的作品就引起广泛的注意，而且得到了及时的指导。马烽、西戎等人同赵树理生活在不同的历史条件下,他们一开始创作就得到毛主席《在延安文艺座谈会上的讲话》的指引,而且他们也得到了30年代从事文艺工作、坚持文艺大众化的前辈的指导,他们更有了赵树理这样的榜样在前,所以,他们没有经过那样长的摸索,就自觉地走上民族化、群众化的创作道路。当然,学习、进步的脚迹还是看得出来的,试看胡正的《碑》(1942),明显地带着青年学生的腔调,到了《"长烟袋"》(1947),语言和结构就发生了很大的变化。笔者在《且说"山药蛋派"》一文中说过,在晋绥区成长起来的一批作者,有类似的经历,类似的文化教养,又受到类似的训练、陶冶,并处在那样一个特定的历史环境下从事文化工作、文学创作,就使他们在艺术上有某些共同的特色,这种特色使他们成为赵树理的响应者,成为赵树理艺术创作的追随者,并同赵树理一起,在不知不觉中形成了一个艺术流派。

研究一个文学流派,要看它总的倾向和一般特色,只要能看到其中的作家在思想、艺术、题材、色调等方面的共同特色,而这特色又在读者中产生一定的影响,并可以区别于其他作家群,这便是一个文学流派。当然,各个流派虽然都是百家中之一家,它们的地位、贡献、影响,都并不相同,但这并不影响它的存在。

关于"山药蛋派"近两年曾进行过一些讨论:《山西文学》第八期发表了戴光宗同志的文章《"山药蛋派"质疑》,这篇文章举出赵树理同马烽、西戎、孙谦等人在艺术实践和艺术主张方面的某些相异之处,来否定这个流派的存在。但是,文章忽略了他们之间的共同特色。作家各有自己的风格,也各有自己的见解。

大同中有小异，这是正常的，而且这也是戴光宗同志举出的文学史上许多著名文学流派中同样存在的情况。

《质疑》一文在开始就提出，"山药蛋派"这个流派之所以被称为流派，"似乎就在于他们都像山药蛋的土生土长在山西，又都以山西农村生活为创作源泉"。其实，他们的共同之处并不仅仅在这一点上，前面已经说到。但是不应忽略，这一点也是他们相同的重要之点。这一点使得他们的作品具有浓厚的地方色彩，而且山西几代农民的形象都出现在他们长长的艺术画卷里，从抗日到土改，到合作化，以至于今日。据我看来，只要他们的作品有一定的水平，产生一定的影响，单就这种题材、地方色彩上的特点，也可以被称为一个流派。在美国，有个"南方文学"，这一派在思想、艺术上都很庞杂，但是都以美国南方生活为描写对象，有地方色彩，所以也被看作一派。在我国文学史上因作品的题材和色彩相类而被当作一个文学流派的，不是也有吗？写男女之情的，有"花间派"；因情调不同，也出现过"豪放派"和"婉约派"。此外，写边塞的高、岑，写隐逸的王、韦，也都是些大大小小的"派"。当然，这些都是就一派的大体倾向而言，要从某派作家中寻找他们的差异和某些见解的不同，那可就多得很。《质疑》一文举出桐城派作例，来证明一个文学流派要有一贯的主张，但是《质疑》一文也承认，这种文学主张可以"补充和发展"。其实，任何文学流派莫不如此，桐城派的始祖方苞提出"义法"，刘大櫆就以"声调"之说给以补充，姚鼐则以"义理""考据""辞章"加以总结。这个派发展了二百年，到清末的吴汝纶才告结束。吴汝纶为严复的《天演论》写过序。为什么呢？因为严复的古文好，也是桐城派的文章。鲁迅在致瞿秋白的信里谈到这件事。鲁迅说：

> 最好懂的自然是《天演论》，桐城气息十足，连字的平仄也都留心。摇头晃脑的读起来，真是音调铿锵，使人不觉其头晕。这一点竟感动了桐城派老头子吴汝纶，不禁说是"足与周秦诸子相上下"了。

看来，严复的《天演论》同方苞的古文，那真是很不一样了。方苞写得那样"雅洁"，《天演论》里可是洋名词、外国人名一大串，殊乖桐城派尚古之义，思想上的距离就更大得不可以道里计。但是，那桐城派的"气息"是十足的，"音调"是传下来的，这就是使得桐城派的最后一位宗主承认了严复乃为"派"中之人。这样看来，《质疑》一文所提出的桐城派，那前后的"歧异"不也相当大吗？称之为"补充和发展"，也改变不了实际情况。那么，"山药蛋派"之中的作家们的差异，能大过他们吗？这应当是很好回答的。

按照"山药蛋派"的阵容来看，赵树理和马烽、西戎等人，其实应当算是两代。赵树理从30年代中期已经成熟，不过当时不为人所知罢了。但是后来统以"老作家"目之，就把他们看作同一代作家，其实是不很恰当的。不过我们现在仍然沿用这种概念。

"山药蛋派"的第一代作家，成就比较大，影响也大。除赵树理已经去世外,其他作家还在继续写作。他们仍是这个流派的代表人物。"山药蛋派"的第二代作家在50年代到60年代初曾写了不少引人注意的作品,可惜的是他们正在成长之时遇到了"十年动乱",失去了最宝贵的一段时间。这批作家现在仍在努力。由于这第二代作家遭受了摧残,所以有的评论说"山药蛋派"有后继无人之危。

其实,如果我们就全国的小说创作来看,仍然可以看出,在山西,在"山药蛋派"作家影响下成长起来的新一代人还是不少的。为了避免吕本中作《江西诗社宗派图》的缺点,我不想举出很长的作家名单。但是我想提出一点,就是,获得全国短篇小说奖的《镢柄韩宝山》,这是一篇"山药蛋派"的作品,其中的地方色彩、艺术手法、语言声调,有地道的"山药蛋味儿"。这位作者是张石山。他写的工人生活题材的作品《对门亲事》,也有这味儿。应当说明,张石山是一位艺术趣味很广泛,手法很多样的青年作家,他有时也用另外的艺术风格来写小说,也吸取"意识流"的手法。但是"山药蛋派"作品,尤其赵树理的作品,是他很欣赏,很倾心的。他对民族传统的文学技巧也下过一番功夫去研究。我大胆地说一句:他是新的"山药蛋派"。《山西文学》第九期发表了他的《老一辈人》,我觉得这是他在这方面的又一次努力。

新起的、可以称为第三代"山药蛋派"的青年作家,在山西不乏其人。我再说一次,我不愿写出更多的名字。"山药蛋派"并没有后继无人的危机。但是,应当容许新的因素、新的见解的

"补充和发展"。

由于我们大家都理解的、过去政治生活中的不正常状况，以及它所带来的各种社会影响，称某某作家为某某流派中的人，至少还是很不习惯的。因此，研究者最好只根据作者的作品和主张去研究流派问题，而不要征询某某作家的意见，叫他们"自报家门"。那会使他们处于很为难的境地。

"山药蛋派"存在着，而且发展着，这是一个事实。这个事实同全面评价赵树理有直接的关系。

李国涛<br>原载《山西文学》1982年第12期

# 文学要积极地反映改革

党中央指出,搞四化建设必须进行一系列改革,改革要贯穿四化建设的整个过程。全国上下,各行各业,都要进行改革。这场改革要有利于建设有中国特色的社会主义,要有利于国家的兴旺发达,要有利于人民的富裕幸福。

这场改革,是我国人民的一项伟大的历史任务。它既符合广大人民的迫切要求,又符合客观社会的发展规律,真所谓上从天意,下顺民心。党中央号召每个共产党员都要站在改革的前列,支持改革,参加改革,领导改革。在这样的情况下,革命的文学家就要勇敢地、积极地用艺术形象来反映这场伟大改革。应当说,这是每一个有责任感的作家都必须自觉地承担起来的任务。在这里,本文打算说明几个有关的问题,同广大作家、读者共同研讨。

第一,反映改革是否缩小了创作的天地,束缚了作家的手脚?本文认为绝非如此。文学要面向生活,反映生活。生活是广阔的,它绝不限于改革;但是,如果我们反映的是当前的生活,反映的是汹涌的生活大潮,那么就可以说改革支配着、影响着、渗透着当前生活的每一条战线、每一个角落。生活在改革中进行。文学不是要写矛盾吗？所有的社会矛盾、思想矛盾，都很难离开改革。农村、工厂、机关、学校、里弄，都有改革在进行，都有矛盾产生。这里表现了生活的朝气蓬勃和无比丰富性。

改革是国家大事，人民大事。作家要写点悲欢离合、家庭纠纷、个人命运，可以不可以呢？当然可以，而且应当。但是在当前的生活中，你试取几种悲欢离合、家庭纠纷、个人命运来分析一下，看看有多少种能脱离开当前的改革，又在多大程度上能脱离当前的改革。也许有某种身边琐事离改革远了一点，写出来也还有点意思，那当然不妨一写。但是，过多地咀嚼某种哀愁和怅惘，叹息着什么，呻吟点什么，或抚摸着伤痕作无穷的感慨，或撒出虚无主义的轻纱当作理想的云霞，这已经不能受到读者的欢迎了。

第二，写改革是不是又回到为政治服务、为政策服务的老路上去了？本文认为，并非如此。改革是全体人民的事业，它充分地表达了全国人民几十年来的愿望。改革是符合中国发展的要求的，而且改革在十一届三中全会以后的几年里已经在生活中逐步进行，并取得了丰富的成果。改革已经有了良好的开端，改革还有着更为伟大的前程。可以说，改革既是党的方针、政策，同时又是我们社会主义生活的要求。改革，有它的政治内容，有它的政治意义，但是同时它又是我们经济生活、文化生活、社会生活以至家庭生活的一部分内容。因此，反映改革同过去所理解的为政治服务是大不相同的。说到图解政策，这是一个艺术思想问题。写改革不一定写政策，而即使写到政策，写某种政策在生活中发生的影响、对人们的作用，也未必就要用图解的方法。我们说文学不能离开政治；我们也可以说，文学不能全避开政策。应该特别说明，这并不是强调必须写政治、写政策，这只是说，没有必要"肃静回避。"我们强调深入生活，强调从生活出发。而生活里就有改革在进行，有时取得胜利，有时遇到挫折，在其中，人们的悲欢离合、家庭纠纷、个人命运，就显得更为鲜明了，更带有时代气息了。这样，我们的作者也就不必去努力拼凑那些抽象的人性复归，纠缠在荒唐的伦理错乱里了。改革是生活的大潮，在其中鱼龙并出，泥沙俱下，巨浪上有泡沫，漩涡下有潜流，这可绝不是几条政策所能包容的。从生活出发，写出来的将是生活。你要远离改革，摆脱政治，那是很困难的，也可以说是不可能的。不要让奔腾咆哮的生活从你身边白白流去，你还是从中捕捉你能得到的东西吧。

第三，写改革会不会又发展起"高大全"的假英雄形象了呢？本文认为，在正确的艺术思想指导下，描写改革会塑造出社会主义的新人形象，塑造出生动的改革者的典型；而这是同"高大全"毫无关系的。

根本的问题在于面向现实，从共产主义思想的高度深刻理解、仔细观察当前进行的这场改革。改革是群众的事业。我国人民自古以来就有改革的英雄志士，在中国共产党的领导下，改革者胸怀共产主义的目标，接受马克思主义的思想，历尽千辛万苦，走自己民族的社会主义道路。这样可泣可歌的英雄太多了。改革者的形象也就是社会主义新人的形象。我们的文学家要在生活中去发现这种人物，给以艺术的表现。"艰难困苦，玉汝于成。"改革者的道路是曲折的，有时也会是坎坷的。改革者的性格是进取的，但是也不会在每一个方面都那样完美。我们说，要给以艺术的表现，首先就要写出人物的真实性格、令人相信的命运，不必编造离奇的故事情节。改革者的经历本身就够丰富的，他们的行为自有其不同俗流的方面。但是，他们又都是普通人。改革的潮流给他们机会，使他们脱颖而出，大展雄才。时代造英雄，他们就是当前这场改革造就的英雄。

第四，都写改革，是不是又使创作变成千篇一律、千人一面了呢？本文认为，这种顾虑是多余的。改革在社会生活的各个领域进行，又表现为千姿万态。只要你向生活的深处进军，就会发现无穷的天地。此其一。其二，直接写各条战线的改革，当然可以；不直接写改革，而写在改革这个历史背景下产生的悲喜事件和各种人物，这天地就更得广阔，也许可以说无所不包。我们如果不直接写，也不侧面写，而从反面去写，也不是不可能的。在改革面前，自然存在着必须改革的事物，大者如法制、体制，小者如乡风里俗，对那不合理的，有碍于四化建设的，给以抨击，给以讽刺，均无不可。这就是从反面写，写不合理的事，不讲理的人，显示改革的必要性、迫切性、合理性。这不又是一番天地吗？如果我们写出改革势在必行，写出不适应四化的僵化生活使人苦闷，使人消沉，使人力浪费，使思想堕落，这也绝不是消极的作品，而是催人向上、催人改革的作品。这样的作品归根结底说来，也是写改革的。

这样说来，反映改革不但是作家应当自觉承担的任务，也是广阔的艺术天地。"海阔凭鱼跃，天高任鸟飞。"我们希望广大作家积极地反映改革。

最后应当说明，改革虽然包罗甚广，但毕竟有些题材是在此之外的，如历史事件，海外生活，或者其他方面的伦理道德问题、个人感情纠葛、乡思乡忆，等等这些，都仍然是文学的题材，写得好也仍然会有艺术的魅力。本文提倡文学积极反映改革，但是并不排斥其他作品。这一点在此也不必详说了。

祝文茂

原载《山西文学》1983年第4期

# 编马烽《彭成贵老汉》琐记

前一阵子,编刊物真有点犯难。别的难不说,刊物的头条稿子就难得。要说创作倾向上的问题,我在编刊物时就感到,作家们反映当前农村生活里的矛盾斗争,确实少了一些。有些很能写的中青年作家,好长一段时间在作品中不涉及重大的社会问题,只写点小有情趣的东西。写得不错,甚至很有味道。你说不行吗?当然不能这么说。你说行,一本刊物都是些比较轻的东西可也真有点不行。尤其是头两篇,总要有点分量。然而要组织这么一篇,在思想上艺术上都过得去的,真不易。

发完1983年第11期的稿子以后,我就找几位老作家商量过,其中就有马烽。我是求救兵的。我请他写一篇文章,暂不要散文之类,要小说。农村题材,这不用说了;而且要反映当前生活的,能提出点问题的。这有点像出题作文。对于一位老作家,颇觉不恭。但是,在山西编刊物,向山西的几位老作家约稿,他们不在乎这个。这种条件也是我编刊物有点壮胆的原因。当下马烽同志慨然允诺,我也就胜利回营。临行时我还慨然安慰他:"我不催你,时间挺富余,从容来。"

以后我到他家去过几次,都见他埋头写作。我谈完事情就走,确实不曾催促。

到了第一期发稿前八天,我到编辑部去时,见马烽早已半躺半坐在沙发上,显得很疲劳。他一见我就说:"吹了。小说吹了。"

"怎么回事?——前几天不说已经写了五分之四了吗?"

"写是写完了, 万五千字。太散。我昨晚上给孙谦同志看了,他也这么说。不像样子,实在拿不出手。"

这一下我可愣住了。他说:

"我是先来通知你的,没法儿,你得另想门路。"

我心想,我这一宝就压在你身上,我压个红的,你出个黑的。到现在了,我还能想出什么法儿呢?当编辑的本能在起作用,我马上考虑着如何安排第一期的"头条"。这时马烽同志走出去了。

此后几天,大家都忙于参加清除精神污染的会议。大约三四天之后,我又到他家里去谈参加一次会议的事。我见他正在写东西。我一看就知道,写的不是发言稿之类的,而是文艺作品。马烽写稿有个习惯,他不在普通的稿纸上写,写一张扯下一张;而是先把稿纸用一个大铁夹子夹成厚厚的一本,外加一张牛皮纸作封面。一见到他桌上放着那铁夹子夹成的稿本,就可断定他在写小说。这几乎没有例外。我急忙问:

"怎么?又写一篇?"

"是呀,我想再试一试。反正肚子里总有些题材瞎转悠,再试一次吧。"

我想,他不先告诉我,是怕写不起,影响了编辑部的安排,我又想安慰他，说"不忙，时间挺……"但是时间可真紧了。于是我不言而退。我走时，马烽说，"先别算在数里，不一定能成……"

两天以后，他把稿送来了。他很疲劳，但是很高兴地说："我几乎干了三天三夜啊！"

这时，小说还没有定下题目。同志们转阅，都觉得挺好。第二天，马烽说，又想了一下，整个说来已经定局了，但是结尾稍秃一些，文字也要再润色一番。这样，编辑部就可以先安排版面了，他说再过一天交稿。现在小说的第五节，就是马烽新添的，第四段的末后也略有改动。

对于这篇小说的本身，我就不想多说什么了。这篇小说具有马烽作品的一贯特色，幽默风趣，彭成贵这个人物有较鲜明的性格，小说里提出的问题也发人深省。我作的这点琐记，是由于作家的责任心引起的。作家向人民负责，向读者负责，也向编辑部负责。向人民负责，他把自己的感受真切地反映出来，不避开矛盾；向读者负责，他不粗制滥造，不把不够标准的东西拿出来；向编辑部负责，他希望刊物办得好，只要能满足编辑部的要求，可以在报废一篇之后，再搞三天三夜，写出另一篇新的来。

编完稿子，随手写下以上一段。我希望今后有充足的"头条"，也有大批的中青年作家沿着革命老作家的道路走下去。那样，刊物就好办了。

李国涛
原载《山西文学》1984年第1期

# 典型形象必须十分丰富

黑格尔在《美学》里说过，艺术形象不能"单一"，如果"使一个人物仅仅成为某种情态——例如爱情和荣誉感之类——的完全抽象的形式，那么一切生气和主体性也就完全消失了，而这种艺术表现也就会因此枯燥贫乏。"（转引自王元化《文学沉思录》135页）这话是非常有道理的。我们后来说的典型人物的丰富性，也就是就此而言。

塞万提斯笔下的唐·吉诃德是一个伟大的典型。唐·吉诃德在幻想中生活，对周围的现实情况毫不理会，这大约是这个人物性格的主要方面，或"主导情态"。因此他与风车作战，他热恋着一个并不存在的"美人"，他在骑士制早已不存在的时代却挺着长矛去"替天行道"。但是，决不仅仅此这一点。唐·吉诃德有十分丰富的性格。仅以他在马克思、恩格斯笔下出现时表现的意义，就可以看出。当他们把打败拿破仑军队的游击队比作手执长矛的唐·吉诃德时，那是取其英勇的一面；当他们说成是灵顿"像绝望的唐·吉诃德一样，始终如一地支持棉纺织业骑士皮尔"时，是取其顽固的一面，他们对比着资产阶级和工人阶级说"如果唐·吉诃德挺着长矛同风车搏斗，那末这是合乎他的身份和所扮演的角色的；

但是我们不能容许桑科·判札做这类事情"，这时只是取其贵族的阶级地位这一点了。马克思去世之前给恩格斯的一封信中说："我失眠，食欲不振，咳嗽得厉害，有点惘然若失，有时犯重重忧郁病，像伟大的唐·吉诃德一样。"这里呢，是取唐·吉诃德逝世前的苦闷和病态，既有外形，也有心理。

于一木
原载《山西文学》1984年第8期

# 读《含玉儿》

我以前在"编稿手记"里说过，张石山有几副笔墨，能写三教九流。想来这话也不算错，但是说得不完全，或者说，是说得不确切。人可以会十八般兵器，但做不到样样精通。张石山已经出了两个小说集，说来也颇有点成绩了。但是，他的代表性作品是什么？一是《镢柄韩宝山》，二是《老一辈人》。可以说这是他的两个台阶。这也就看出张石山的看家本领和拿手好戏。在"几副笔墨"中，他的传统写实手法为上；在"三教九流"中，还以农村题材见长。别的作品少几篇，张石山还是张石山；缺了这一类的这几篇，张石山就不是今天的张石山。

开篇几句闲话说过，且说《含玉儿》这一篇。

《含玉儿》的题材并不新奇。本来张石山的小说也从不以题材的新奇取胜，而以开掘的深刻，描画的有力来感人。《含玉儿》就具有这种特点。所写的是五十年代山西偏僻山区的生活，主线是一对青年的恋情。说来倒也平常。但是真所谓"把戏人人会玩，各有巧妙不同"。《含玉儿》在一个简单的情节中写进这样浓缩的山村生活，活画出一幅幅农村生活的场景，实实令你赞叹。山村的生活如此平凡，又如此有趣；山村的生活如此平淡，而冲突又至于如此激烈，令你有喘不过气来的感觉。

　　这篇小说里的人物不少，从一个短篇小说的一般要求来看，也许多了一点，分散了一点。但是，难得的是这些人物都写得很有眉目。含玉儿是主人公，是一位坚强、热情的少女。在不长的篇幅中，她的感情变化脉络清晰又丰富多彩。这是一个很有光彩的人物。老祖母同含玉儿一样占据同等重要的地位，她的性格的鲜明也许不下于含玉儿。可以说这是张石山笔下最成功的形象之一，认识一下这位老祖母，也许有助于读者了解山乡小村的家族构成状况，是很有认识价值的。甚至那出场不多的大伯母，作者也只用几笔便勾出她的形象，我愿妄评一句，这可以称作"力透纸背"。

　　小说在叙述上有很强的节奏感。比如开始，从葫芦籽说起，娓娓动听，一派散文笔法，一片乡土气息。接着又讲起童年的蓝布书包，也是一派散文笔法，一片乡土气息。这都是从一个小孩子的眼睛来摄取的镜头，看似闲笔，而情节的伏线就在其中。正如海浪，远处淡淡生起，一浪推动一浪，陡地便成惊人的气势。从松山哥腰下的烟荷包出现，气氛便紧张起来。等到叙起包办婚姻，气氛反而平静下去。直到在老祖母炕前议婚，冲突在沉默中达到了爆炸的程度。张石山善于造成气氛，又利用这种气氛写人物，震动读者的心，这里是一个突出的实例。

　　张石山的小说总是以厚重者为上品，轻巧灵动非其所长。这是我读了《含玉儿》以后的又一次感觉，不知作者、读者以这一番愚见为然否？

李国涛<br>原载《山西文学》1984年第9期

# 读同题小说《晨雾》札记

## 一

同题小说和同题诗,古今多见,中外均有。大约是由于体裁上的方便,同题诗更是多得多。且不说大家诗集的"分韵赋诗",《红楼梦》三十七回《秋爽斋偶结海棠社,蘅芜院夜拟菊花题》里就有同题诗三二十首。这也是文人雅集,以诗抒情;同时也带有争雄斗胜,以诗助兴的意思。小说呢,由于它写起来费时,不是一次宴饮、一回聚会中便可写成的,所以就要有组织者,给以较长的时限,才能办得到。这当然以编辑部出面组织较为得力,较为方便。《山西文学》编辑部邀请了几位作家商量,他们对同题小说的倡议都还有兴趣。于是,就由编辑部拟了三个题,后来大家一致同意选用《晨雾》。

小说用了同一个题目,写出的内容可以大不一样。从远处说,果戈里和鲁迅都写了《狂人日记》;从近处说,近到我们省,则孙谦和周宗奇都写了《新麦》。记得周宗奇的《新麦》脱稿以后交给我看时,我非常欣赏。不过当时我也给他提出一点意见,说《新麦》之题已先为孙谦所用,可否换一个呢?他斟酌一番之后,以为不可，还是用了《新麦》。由这里似乎可见，对某一具体作家说来，有时候有此题则必有此文，而有时候有此文亦必有此题。文与题之间的关系也是"得失寸心知"呢。

同题，类似命题作文，作家要多费一点心思。比如题为《咏白海棠》，要扣住海棠，而且要扣住"白"。你原来有个构思是写"红海棠"的，便不好用，当然写君子兰的构思更不合题。小说的题目只要宽泛些，倒是容易搭上。你出一个小说题为《羊脂球》或《促织》，不好写，因为太具体。然而《晨雾》则可以城，可以乡，可以虚，可以实，总之是长幼咸宜，男女皆适。自然，无论如何，它总没有由作家自己命题来得方便。

不过，当我读到这几位作家的稿件以后，还是感到相当的满足。他们以同一个题目，写出五彩缤纷的文章，而且他们的作品又很能表现出各人的创作特点。我对他们几位的作品，本来也算熟悉，对他们的文学气质，也原有了解。于是，一边读一边就记下些感受，应编辑部之命，整理成笔记的样子，以公同好。

二

焦祖尧的这一则在他自己的短篇中实属佼佼者，在这次的同题小说里也是上品。

焦祖尧在本篇中力图有所开拓。他很敏感地在平稳的生活里发现那激荡的成分，在满足中看到不安，在和谐里觉出失调，在似乎是某种无关紧要的追求里，开掘出新的生活观念、价值观念。这一些，正是新的、开放式的生活造成的精神生活的变化。虽然这种变化是渐进的、不易觉察的，但确实是现实的、强有力的。

作者在写成这篇小说以后曾同我谈到他在生活中的感受。他说，有些生活现象好像我们一眼就看到它的实质，其实仔细一想，对它的实质并没有把握住。比如，现在时兴各种考核，有各类教育和考试，相应地也就有各种证件、各种学历和资格。有了这许多证件、学历和资格，才能取得各种职称、职务和工资、待遇。于是我们就看到并断言：学习、考试是为了职称、待遇。好像这只是人们为了物质上的需要而做出的努力。当然，有这种成分。但决不完全是为此。生活并无匮乏的人，今后也并无提拔可能的人，也在进行这种追求。这是为什么呢？这说明，人要使自己变得更有价值，人要使自己在生活中获得尊重，人要使自己变得充实从而可以同周围的人们站在同等高度，于是他们也努力学习、攀登，并力图获得社会的承认。

焦祖尧很激动地同我谈了这一切，并举出许多例证。我以为，这就是他的这篇小说所要表现的内容。不过小说又丰富得多，同时也"朦胧"得多。它像一片"晨雾"，使一切若隐若现，而正是"晨雾"，也使一切愈来愈清晰。所以，我觉得，晨雾在这篇小说里写得很真切，很实，同时它又带着迷朦的象征意义。

在当前的小说创作里，人物心态越来越引起作家的注意。这篇小说里，女主人公的心态，也像晨雾一样弥漫流动。但是焦祖尧是用明确可见的红灯绿灯，用宽阔的街道，引导着他的主人公蹬车前进，不使她驾雾而起，不可捉摸。我想，这正是焦祖尧借鉴新的小说手法所形成的格局。

女主人公一路行来，思路的变幻很真实，而且很厚实。作者熟悉他笔下的人物，他的思路同女主人公的思路完全合拍，所以或收或纵，非常自如。

女主人公的一生，是平常的一生，是满意而不能令人满足的一生。我读这篇小说的时候，感到略有不易觉察的伤感。但是，小说将近结尾的时候，她连着两个"这不行！"使我改变了原来的感觉。可见，主人公坚决不做令人怜悯的悲剧性人物时，读者也会改变他的情绪的。

小说结尾处的那一点转变是有力的"豹子尾"，它确立了一种新的价值观念，它也给这篇小说增添艺术价值，使整篇小说获得浓厚的诗意。

## 三

成一的这一篇写了古代的生活，然而你如果把它当成历史小说来读，或者当作传说故事来读，恐又难得其意蕴。作者并无意于历史，因此也并不追求历史的背景、细节。其实，他就是采一点历史的因由来写其现代的小说。

据说这篇小说也还有点"考古"上的根据，因为在洛阳确曾有过那样的建筑，在那建筑物的砖头瓦片上也确实曾发现刻有普通劳动者——即造砖瓦的工人——的姓氏、乡里者。然而由这一点由头，作者就产生了写一篇小说的动机，并且以这样丰富的心理活动来加以描写，这就使我感到很惊奇。

一年前我曾见到作者津津有味地读着一本清代学者关于洛阳建筑的著作。当时我想，泛览博识诚然是一位作家所自觉追求的。如今读了这篇小说我便知道，也许这篇小说的胎孕便始于那时的阅读。而原来我以为只从一点因由就生发出一篇小说，也未免想得太简单。而再一想呢，又感到这篇小说，虽涉古事，而它的当代意识，当代的生活观念和价值观念却表现得十分强烈，而且只有从这个角度去读这篇小说，才能得其意蕴。

那么，此话怎讲呢？

小说里写到的这位"石城河庙史三升"，原是和哭长城的孟姜女及修长城的孟姜女的丈夫，同是伟大历史、伟大历史性建筑附近的累累白骨。当年他们的尸体的总和大约同那伟大建筑的体积一样惊人，而现在连他们的白骨也已经完全化为尘埃。那么，他们，作为一个个的劳动者，还有谁能记起呢？甚至，在他们生活着的当时，像小说里所写的："时间对他已经没有意义，甚至生和死在他也没有什么两样。""再没有什么属于他了，除了他自己的肉身"。这是小说作者现在所进行的心理开掘，而在当时，史三升是连这一点都想不起的。但是，神圣庙堂的瓦片上刻有"史三升"的名字，作者便由这一点开掘出这类普通劳动者当年曾经有过的、极强烈的、近乎疯狂的个人自我意识。他是"史三升"，"石城河庙的史三升"，他有母亲有家世，他要传宗接代，他同样有人的价值，他要像任何一个圣君贤相、皇后娘娘一样在历史上有一点记载。没有人记，自己来！把自己的姓名，把"石城河庙史三升"偷偷地刻到瓦片上，同建筑结成一体，同建筑共存，也同圣君贤相共存。

"史三升"竟保存下来了。史三升超越了自己，超越了历史的命运。小说的第三部分，史三升作为游魂，在晨雾里遍览西京洛阳，又在九重浮图塔上找寻自己的姓名，这一片迷蒙之境，只有从这种强烈的历史意识中才能理解。

我以前说过，读成一的小说，"如食橄榄"，要慢慢品味。开头如有苦涩之处，对某些读者说来，也是缺点吧。

## 四

我同韩石山闲聊时说过，他的小说以其语言的顺畅如流取胜。他这个人喜欢杂览博收，中国古代的野史、笔记、杂著、小品之类都读了不少。我以为，从这样的阅读中虽然无法直接得到当代小说的写作技巧，但是对于体味中国语言文字的情趣，却可以生出若干"妙悟"。

我读过韩石山的不少的小说，许多方面的优点和缺点都可能有，但是我记得没有感到过文笔上的拙笨或扭捏。他在语言风格上有一种"天然性情"。当然，语言总有所表达，他所表达的东西的本身，也是作家个人"天然性情"的流露。

韩石山小说的这种优点，使我读他的小说时总觉得很"顺"，不用费力去捉摸，一个个小场面、小画面便出现在眼前，似乎合乎王国维所规定的"不隔"的意境。比如这篇《晨雾》，一开头，写一位农村妇女送客人：

她差我半步,默默地走在我的左侧。紧走一步就会赶上,她却不,始终保持着这个距离,不远也不近,不即也不离。起初我未意识到这是为什么,站住等她,她也站住了。我终于明白,这是农村妇女尊重人的表示,勉强不得。

所写的是一点小事,换成另一种说法,"她按农村妇女的习惯,总走在我后面的半步远",这情趣就差了很多。

这篇小说是由前后两个部分构成的,前部分写得很悲惨,很惊人,后部分提出了使人担心、忧虑的生活现象。但是,就这两个部分而言,似乎缺少有机的联系。前一代人曾因生活的逼迫而"堕落";后一代人却是被引诱而真的要堕落了。前后两事,在生活中都是真实发生过的,但是到作品中都不能只满足于它们各自的真实,而要有一个总体的艺术真实性才好。

再者,"我"的重新访问这家人家,同这样的旧知(虽然是纯洁的关系)相会,又同她的丈夫相见,再有那么情意绵绵的相送,我觉得有点别扭。如果"我"真的关心这位女主人的话,那么,还是不必再去看望她吧。

所以这篇小说,虽然细节都十分自然,但总的构想却不自然。我同韩石山常闲聊,我说过:"你的作品可谓'小有情趣'。"他似乎没有反对。确实,"小有情趣"并非易达之境。然而,"小有情趣"毕竟是不够的。韩石山善评文,不知以为然否?

## 五

燕治国的这一篇有副题为《〈农家闺女〉之一》,看来他还要继续写下去。那么,招招的新生活才刚刚开始,她同明眼子之间的关系也将有新的进展。

在三中全会之后,这几年以来,农村发生的变化是很大的。但是,变化的程度是很不一样的。在某些贫困的山区,生活难以很快地富裕起来,或者说,仍然有一些山区还处在困苦之中。作者所写到的就是这样一个小小山村里所发生的事情。

我想作者写的是很真实的。困苦的生活、女孩子受到的委屈、外面的新生活招引着年轻人,于是,有的人走出去,走出去的人又带动一些向往新生活的人。小说里,招招便是"向往新生活"的青年女子。作者描写这样一个人物的感情十分细致,作者的语言表达力量也有长足的进步。总的说来,小说写得很严谨。

但是,从构思上说,似乎新意不足。这种人物关系、这种生活处境,已为以前的小说表现过了。当然,从艺术表现生活来说,决不是像商店处理商品一样,叫作"一次性"的。你写过的,我仍然可以写。问题是要求新。远的不说,《山西文学》第五期发表的《五月》,它写的虽然不是一个贫困的山区,但是其中写到一个受委屈的女孩子,一个在外面跑跶的小伙子,以及二人相约而出走——这些情节同以前的一些小说,以及同燕治国的这篇小说,都属于一个"类型"。

不过,请看这篇《五月》,它在人物感情、人物关系和人物性格上,便有许多新的处理方法。这就是艺术上的新。燕治国的这篇《晨雾》,在构思上缺少这一点,当然我不是同《五月》作全面的比较。

这是一个系列的开头,后来的变化现在还很难说,所以我以上的话只是姑妄言之。

## 六

郑义在写这篇《晨雾》之前曾谈过对这篇小说的构思。这个构思在他心中已有相当长的时间,一直没有十分成熟,所以没有写出来。再者,他也曾打算再充实一些材料,写成一个中篇。不过由于近来主要在写农村题材的小说,一时无法分身去海边充实这方面的生活。现在《晨雾》的题目定下了,而他的这个构思同《晨雾》这个题目正契合无间,于是,便先写了出来。

确实,小说从始至终,对海上晨雾,对老渔人对晨雾的感觉,可以说写得十分精彩。晨雾,在这里,被描写得十分真切。"张开巴掌慢慢一挥,便可见乳白色雾流从指间梳过。拂着这雾行走,那悬浮空中的无数细碎晶莹的小珠纷然触落,船与人都湿了。"这种极其真实的描写,同老人的梦交织起来,从一开头就给人一种梦幻的、神秘的感觉。不错,这篇小说在写一种感觉。这是一种说不清楚的感觉,一种难以言传的心理状态。

当然,小说里对现实生活也作了精确的描写。我注意到这里面可以说有丰富的"资料"。如过去的渔场,鱼群的密度达到什么程度,我们现在的捕鱼,捕到什么程度;于是,现在的渔场里的鱼,又少到什么程度。当然,现在"彩电也快买上了",捕鱼已经变得那么方便、那么安全。但是,男人不像当年的男子汉了,女人也不像当年的女人了。——因为"海死了",什么都变了。

请记住,这是一位老人的感觉,当然也许不仅仅是老人的感觉——作者没有涉及其他人。这是一种什么感觉?我说不清楚。我想叫它"失落感"。是的,现在的人获得了很多——富裕了,安全了,幸福了。但是是否同时也会失落一点什么东西?可能的,至少对于老人,对于年长者。我们常说这是由于"不习惯"或"不适应",产生"失落感"。这位老人,这位当年雄视大海,出没惊涛的人,感到失去了大海,失去了豪放,进入了不堪忍受的安全和——平庸。

我觉得,小说写这一点还是相当深刻,相当有见地的。在高度现代化的社会里不是有"回到自然中去"的呼声吗?这不是物质生活的需要,而是精神生活的需要。这是不能用什么"小生产者心理"去解释的。

小说写梦与现实,过去与现在,写得很好,浑然一体。读者被引入迷离之境,然后去体味老人心理同现实生活的关系。鲸鱼的来去带有象征的意味。但它在最后的"自杀"和渔人对这个"海神爷"的处理,从象征的意味讲,未免过于悲怆了一些。

也许由于这是"急就"文章,各部分间的协调不是很理想的。老人独自捕鲸和独自降鲨,在一个短篇里似属重复,这些场面虽然生动、惊人,但同老人的现实活动相较,占的比例偏大。

海洋生活对我来说是陌生的。但从电视上看,鲸鱼游上浅滩

"自杀",并不能即刻造成死亡,更不至于当即见到白骨破体而出。

## 七

周宗奇的这一篇,写法较为新颖。作者说。"不像侦破故事,不像爱情故事"。这是从题材方面说的。它写了一个案件,案件中的青年很好,但是被人误解。小说没有着力写侦破,也没有着力写爱情;它着力解剖的是当代青年的灵魂。

小说作者在故事叙述的形式上很用了一番心思,值得一提。小说共七节。它从不同的角度,用不同的文体,叙述了一个案件的各个有关方面。分开来看,颇为迷离;合而观之,互相照应。而各部分其实都有一个焦点,就是那个受误解的青年的灵魂。

所谓"角度"问题,在现代小说技巧中占有重要的位置,这是美国作家亨利·詹姆斯在上一个世纪末提出的,一直影响到现在。而文体的变化,或者说,注意用各种文体——主要是用新闻文体、档案文体、采访对话文体——写小说,使各种文体交互出现于一部(或一篇)小说之中,也是现代作家所常用的,比如德国的小说家海因利希·伯尔在他的《莱尼和他们》这部长篇里就是这样应用的。这可以造成真实、亲切的效果,给人以新颖、多变的感觉。

周宗奇的这一篇作了这方面的试探。

第一节是一位侦察人员的工作日记,全面阐述一个强奸案的案情。第二节是审讯记录,对话体。第三节是一个流氓写的半通不通的信。第四节是受害者写得很有感情的绝命书。第五节是矿保卫科长在工作会议上的讲话纪录。第六节是一位记者（或作家）旅行采访的记录。当然它是优美的小说文体。第七节从所谓"全知角度"写主人公的梦。只短短的几行，作为小说的结尾。

周宗奇这篇小说以"角度"、文体的变化给人以新颖的感觉，也正适应小说情节的变化莫测和人物思想的色彩斑驳。我觉得它在场景的变化和情节的进展上也有一定的戏剧性，改为电视剧的基础也还不错。也许，作者曾经做过这方面的考虑？

## 八

读完这六篇同题小说之后，似乎可以看出我们这些作家在创作中不约而同所做的努力。

一、他们不愿意从生活表面找一点素材，编织一点故事，来敷衍成篇。他们都努力去探求新的生活使人们的心理发生了什么样的变化，这种变化又怎样影响着生活。

二、作家们对象征的手法逐渐产生兴趣，这要求读者在阅读时留心其中的意味。

三、他们都努力从艺术上寻找适合表现新生活的形式，使新的形式同新的生活形成一个整体。

李国涛

原载《山西文学》1985年第9期

# 《柳大翠一家的故事》序

我和东满相识有年。记得他在学生时代喜欢写诗,当时他曾拿来几首让我看,我觉得他很有点写诗的才分。后来他写起小说,出过长篇。粉碎"四人帮"以后的三二年里,他用了不少的力量去写公安题材的小说,似乎影响也不小,不过我很少读过。

再后来呢,由于有几位老作家劝他写点反映农村生活的小说,也由于当前农村生活的急剧变化引起了他的兴趣,他在近三四年中便以极大的热情去写这方面的作品。长篇、中篇、短篇都有。收在这个集子里的,大约就是这一段时间里的短篇,约二十万字。由此可以看到他的热情、他的努力;似乎也可以看到,他在小说创作方面也是有点才分的。

东满写这些短篇小说时,我正在《汾水》和《山西文学》编辑部里工作。凡在此两刊所发的短篇(也包括中篇)都经过我的手,在其他刊物上发的,大部分我也看过原稿。因为相处较久,较熟,说话可以随便些,他常把他的小说稿拿给我看,我除了择其善者而发之外,似乎也给他提过不少修改意见,并曾不客气地"枪毙"过不少篇。东满很大度,未因我的"不客气"而生气。现在反而很客气地让我为他的小说集写序,就是一个证明。

鉴于编辑的职责，我读东满的小说还是仔细的。同任何一位作家一样，他有自己的长处和短处。他的长处是什么？从客观上讲，他有比较丰厚的生活基础，他个人和他的家庭都同农村有密切的关系。他是一位喜欢交游的人，农村的亲友往来很多，家中经常是高朋满座。作为一位写农村题材的作家，这不能不说是一个很大的优势。他的短篇里的好多题材都是得之于这些亲朋之口，或见之于他们的家中。他拿来小说稿让我看时，或同我商量一个小说的构思时，常常很得意地向我交底：这故事是从某某口中听来，或这人物就是以某某作"模特"的。我想，他在生活中探得一个丰富的源头。说到他在主观方面的优点，第一就是他对生活的热情，对眼前正在发生的事件的热情。这一点对一位作家，尤其是写短篇小说的作家说来，是非常可贵的素质。

前两年，似乎有那么一股风，以反映现实问题为"俗"。王东满是不"避俗"的。他对当前农村的变革总是充满兴趣，十分热情。现在回头看看，正是这种精神，使他的创作带有一股锐气，引起了文学界的注意。第二，就是注意作品的可读性。他的作品总是讲究情节的进展和场面的动人，语言通俗而风趣。东满在学生时代是学戏剧的，后来他也写过一些剧本。我想，这些艺术上的经历也影响到现在的小说创作了吧。

东满的小说写得很酣畅，如大河之奔流。但是，有时也就泥沙俱下，失之芜杂；为求可读性，也难免漏下未修的斧凿痕。对于严肃的作家说来，这是应当克服的。

生活在奔腾向前，用一个个闪动光辉的浪花，展示它的永恒性。这永恒性不在缥缈的虚无之处，而在作家的眼底，要捕捉它，你就要把它置于心上。作家的眼底心上，应有一个现实的世界，那世界也是一个艺术的世界。

东满自写作以来，大大小小，出了四五本书了，成绩也算很不错。论年刚过四十，前程正未可限量。我期待着他的更好的作品出世。

李国涛

原载《山西文学》1985年第12期

# 经验的世界和语言的世界

一

任何事物的本体存在总是实在而具体的。文学的本体存在也是这样。无论在解说文学本体时有多少复杂的、精妙的说法，无论出现过多少次辩难论争，总之，文学是语言的艺术，文学是用语言写出来的。瑞士理论家沃尔夫冈·凯塞尔在他的名著《语言的艺术作品·序言》中明确宣称，"一个作品不是作为任何别的事物的反映，而是作为作品它本身中就包含不可分离的语言构造而诞生和存在。"这话对我们一贯认为文学是"反映"生活的读者说来特别有意思。如果说，事实上也确系如此，文学终究有所反映。那么这种"反映"里包含着某种语言构造，正因如此，文学才是文学。因此，凯塞尔在该书的引论中明确断言"每一个在广义上属于文学的著作都是一种通过符号而固定下来的句的组合"。凯塞尔十分欣赏波兰理论家英伽尔顿的分析方法，而英伽尔顿的方法已被美国理论家韦勒克和沃伦吸取到他们合著的《文学理论》中去。"我们可以说，每一件文学作品都只是一种特定语言中文字语汇的选择"。根据他们的观点，文学中的一切都是从语言中生出，也要从语言上开始。比如小说，小说是什么，无非"由形象所讲的话语或者别人讲的有关这一形象的语句造成"。简单明了极了。

特定语言的组成，这就是文学的本体。但是这个本体又不是这么简单。维特根斯坦说，"神秘的不是世界是怎样的，而是它是这样的。"就是说，特定的语言结构，特定的语言组织，特定的语言选择，怎样便成为文学呢？提出这些问题是向文学本体的逼近，但是文学本体毕竟不易被人们把握住，我们只好从某一个侧面向它靠近。

二

由于文学是语言的艺术，它是很难翻译的，有人认为简直是不可翻译的。但是很奇怪，黑格尔说，"诗可以由一种语言译成另一种语言或由韵文改成散文，尽管音调变了，诗的价值却不会受到严重的损害。"当然，在这里黑格尔主要谈的是诗与音乐的不同，所以认为"音调"上的变异并非重要的事情，但是认为语言改变而其价值不变毕竟是使人不好理解的。

美国语言学家萨丕尔曾经从语言学的角度接触到这个问题，并且他也做了一点解释。他说：

> 所以克罗奇是完全正确的，他说文学作品从来不能翻译。虽然如此，文学作品还是翻译了的，有时还译得怪不错。这就提出了一个问题：文学这门艺术里是不是

> 交织着两种不同类别或不同平面的艺术——一种是一般的、非语言的艺术，可以转移到另一种语言媒介而不受损失；另一种是特殊的语言艺术，不能转移。我相信这样的区分是合理的，尽管在实践上这两个平面从不能清楚地分开。

萨丕尔的意思是，可以分开、剥离语言所表达的事物和表达事物的语言。黑格尔在《美学·各门艺术的体系（续）》这一章里说到"构思方式和表现方式"有助于对这问题的理解。本文以为，凡是在构思过程中所设想的一切，如情节、人物性格、重要的细节等等，都是作者企图用语言去"表现"的事物，这些方面是较易于翻译以至改写的，甚至是可以由一种艺术形式转移到另一种艺术形式中去的，如小说改为电视、电影、舞台剧或连环图画。但是，就其"表现形式"而言，语言韵味、语言符号的隐喻性，或桑塔耶纳所说的一切表现中的第二项即深层的、暗示的意蕴，那是无法翻译也不能转移的。鲁迅小说就是一例。《阿Q正传》被改编为许多其他形式的艺术，也有的改编相当不错。但是第一章《序》却为各种演出所难容，非"割爱"不可。但是《序》里所定下的"开心"的调子，深沉的悲哀，无限丰富的"第二项"的意蕴，是非失去不可了。而这些地方正是萨丕尔所说的"特殊的语言艺术"。这是"纯"的文学特质。即如《恋爱的悲剧》这一章，写阿Q向吴妈求爱，情节性强，是所有电影、电视剧都能表现的。但是鲁迅的一些议论只好被"剥离"。即使在叙事中，那味道也难用语言以外的手段传达。比如，"阿Q奔入舂米场，一个人站着，还觉得指头痛，还记得'忘八蛋'，因为这话是未庄的乡下人从来不用，专是见过官府的阔人用的，所以格外怕，而印象也格外深。但这时，他那'女……'的思想却也没有了。而且，打骂之后，似乎一件事已经收束……"这在电影里也不能传达。于是我们只看到阿Q的"形象"，所有的语言魅力都无法保存。《伤逝》写得像诗一样，电影不能"割爱"，只好用大量的"画外音"来朗诵，但听来仍然是支离的。或许这些情况都属于萨丕尔从语言学观点所提出的两个不同平面的问题吧。

这样，似乎可以得出这种结果：文学的构思直接联系着作家的经验世界，它里面有生活经验的反映和各种折光。但文学不止于构思，不能像克罗齐所说的那样只在作家的直觉中完成。它必须形诸文字，对作家说来就是要写，要"爬格子"。到这个过程中，语言给一切定形；语言以自己的创造性支配一切。这对一切都由语言的上句赶下句赶出来，经验的世界化为语言的世界。很难说什么"如实"，语言的再现能力本来很有限。它只能用自己的词句来创造。所谓"下笔如有神"，所谓"神来之笔"，都是在"爬格子"时产生的精神状态，而不是构思时的。当代作家中王蒙对这个问题讲得很好，他说，"文学创作过程中的心理活动与一般心理活动不同，除了它的方向性与可影响性以外，还有它特定意义上的非现实性。"创作心理的这两种特性当然在整个创作过程中是交织起来的，不过它的"非现实性"，如痴如狂，不能自已。总是在"爬格子"时发生的。我说，那是语言创造力驱使的，这就是文学中难以转移的部分。

## 三

在谈论文学内部两个平面的时候，人们不能避开语言的本质和功能的问题。

这是一个被人们长久讨论过的问题，20世纪以来又引起哲学家和语言学家的更为广泛的兴趣。

我们常说语言是思维的工具，是思想的直接的现实，语言是一种表达观念的符号系统。我们通常只注意到语言在人类交际中的传达作用。但是在从文学本体的角度来观察语言时，我们有必要着重于它的创造意义。

帕默尔在《语言学概论》里说，"语言不仅仅是思想和感情的反映，它实在还对思想和感情产生种种影响。"帕默尔举出的例子就是在许多原始语言中没有一般地表示数目的词。遇到说"两个男人""两头母牛"或"两块石头"时，只好用"一双""一对""一副"这样的专用于表示"两个"的词而没有"两"或"二"。那么，他们也就无法表达"二二得四"。列维一布留尔《原始思维》有专章论述这种现象。他说，在澳大利亚、南美等地，有许多原始民族用于数的词只有一和二，间或有三。超过三，他们就说"很多""许多"。他们说三是二、一；四是二、二；五是二、二、一。他们不是不会计算，只是他们只好以自己特有的方式计算。

在以上这种极其普通的例证中我们可以看出，语言中多出一个"三",或再增加一个"四"和"五",便是很了不起的进步。我们由此可以进一步地想到,并不是凡是在人们的感觉之内的事物,人们便可以给它一个名称,赋予一个语言符号、语言形式。事实远非如此。即使在原始的生活中,难道人们不是经常看到三只羊、五条牛、四个人或六只鸟吗?但是要他们抽象出一个数字来,那是非常艰难的。那是一个伟大的创造。由此我们应当能体会出语言对思维的影响和语言的创造能力。"有了一个词,我们就像松了一口气,本能地觉得一个概念现在在归我们使用了。没有符号,我们不会觉得已经掌握了直接认识或了解概念的钥匙。假如'自由'、'理想'这些词不在我们心里作响,我们会像现在这样准备为自由而死,为理想而奋斗吗?"这是一位语言学家的话。而当代哲学还有从世界本体的角度来说明这个问题的:"世界并非'本来'就是按照某一特定方式组织而成的,然后再把它的结构用语言正确或错误地描述出来。相反,组成世界的各种可能性首先是通过语言表达才产生的。有多少种描述世界的方法,就有多少种把世界分解为个别事态的方式。"这就是说,语言界定了世界万物的状态。世界本体并没有一个"原来"的状态等待人类去探求,只能说人类的语言表达达到什么程度,世界就显示出一个什么面貌。看起来好像这走向了我们一向很惧怕的唯心主义,但是在人类走向绝对真理的时候,确实有这种情况存在。列宁在《哲学笔记》里曾摘下这样的话:"那种表达存在物的语言,并不就是那存在物,被表达的东西并不就是对象本身,而只是语言。"列宁自己说过,"我们表象的对象和我们的表象有区别,自在之物和为我之物有区别,因为后者只是前者的一部分或一方面"。当我们把自己的表象,把我们认识到的为我之物,用语言固定下来,做出"语言表达",这便是一个创造。这创造可以是科学的,也可以是文学的。这创造可以是一个概念,一个词,也可以是一个说法,一个语句。《诗经·柏舟》"我心匪石,不可转也。我心匪席,不可卷也。"乐府《上邪》"天地合,乃敢与君绝!"这些诗句表达的是忠贞的爱情,是爱情的誓言。它们的强烈也许难分高下,只是被各自特有的语言给规范成为不同的形态。卡西勒说,"我们认为言语具有创造的和构造的功能,而不是单纯的复制功能。"至少在文学创作中这个特点是表现得非常鲜明的。"僧推月下门"和"僧敲月下门",从"复制"(或再现)一个情景来说,能有多少区别呢?但是在诗里便大有讲究。韩愈说"敲字佳",是从音节上的一个考虑。我国古代佳作之成功归于一字一词之安排,一句一语之先后者很多。仔细想想其中许多例证,都可看出关系到语言"复制"功能的很少,多是关于语言的创造功能。鲁迅写《朝花夕拾》,在《小引》中说,文中所记的菱角、罗汉豆、菱白、香瓜,都极鲜美;但实际上再次吃时,"也不过如此","他们也许要哄骗我一生"。鲁迅不是按后来的证明如实"再现"那许多蔬果的滋味,而是按记忆上的印象写出,用他独特的语言把那种能"哄骗"人的感觉传达给读者。法国作家克罗德·西蒙说,"莫奈描画伦敦的紫雾,表现的是他的印象,印象是主观的。后人习惯于依照莫奈的画进行观察,以为伦敦的雾是紫的,这就是王尔德说的'自然模仿艺术'。"克罗德·西蒙是把这种观点应用到小说创作中去的。他说,"作家描绘的不是他写作前就存在的东西,而是描绘他写作时所抓住的东西。"如果我们不把这种说法加以神秘化,那么,这意思只是说一种语言运用的状态。实际上关于语言运用,在许多作家那里都是临笔发生而不会完全预先想好的。法国的某些评论家认为"词语有一种与再现真实不相容的创造力";"语言作为一个独立的存在,作为一个世界"是至关重要的。

## 四

我们曾经过分重视文学的再现功能,希望文学能起到文献资料和教科书的作用,要求文学语言能"复制"某一选定的生活。仔细想来,这都是做不到的。即使有一位真正的阿Q或孔乙己站到我们面前,向我们诉说他的生平,我们便写得出《阿Q正传》或《孔乙己》吗?当然,我们知道那是虚构的。但是我们不十分愿意把这种虚构的现实看作一种严肃的"语言的游戏"。文学创作就是写文章,写文章就是"语言的游戏"。我说这是"严肃的",就是肯定这种"游戏"本身可能取得极高的价值和意义,它的背后也可以有崇高的、革命的目的和理想。但是,它同时完全可以是"语言的游戏"。克洛德·西蒙说"人们所构思的是文章"。文章,就是语言形式和结构。杜夫海纳说,"诗人甚至散文家都不仅是为了它(语言)的意义而舞文弄墨。他们首先把语言作为一种材料"。什么材料呢?当然是"舞文弄墨"的材料。这样说来不是太贬低了文学吗?他接着又说,"这种材料还能恢复自己的意义,而且还是被神奇般地丰富与扩大了的意义"。所以,"语言的游戏"是创作的自由状态,它可以取得丰富的"意义"。比如通感,既是心理学上的概念,也是修辞学上的概念。从以往的观念来说,先是心有所感,然后才以语言表达。其实,正如前文所说的"三"的出现一样,也是语言的创造。常见的例子如"冷清"、"热闹"是日常语言中的通感式的修辞。"红杏枝头春意闹"、"百合花也似的声音"也是有名的例子。但是这种语言的出现同这种感觉的发现应当说是同时的,只有人们读到那种诗句,才有那种明确的、定形的感觉。这是一方面。从当代文学的发展来看,似乎也可以说,语言创造了某种感觉。美国有的黑人女作家以色彩感写情欲感,那不能认为是真正有的视觉或任何真实的五官感觉,而只能认为是想象,是"语言的游戏",用以"创造"感觉。在写性生活时,她们写:"那条萤火虫绿光和草莓紫色,流过我的大腿;妈妈柠檬汁的黄色甜甜的流入我。"莫言的《红高粱》里写:"在这次雾中行军里,父亲闻到了那种新奇的、黄红相间的腥甜气。"这里以色写味。很难相信莫言曾有过这种真实的味觉、嗅觉。这是在做文章,在"舞文弄墨",正如莫言自己的说法,是"天马行空的狂气与雄风","有点邪劲儿"。这都是用语言创造感觉。所谓"红黄相间"不过透露出热情、烦躁、兴奋的感觉,——或者更准确地说,不是真正的感觉,是情绪,是一个语言世界的氛围。顺便再说一说,《红高粱》里写奶奶胸部中弹以后,有这样的写法:"奶奶的血把父亲的手染红了,又染绿了;奶奶洁白的胸脯被自己的血染绿了,又染红了。"在这里,是纯粹的感觉,也是纯粹的"语言的游戏"。这是烈日照耀下的高粱地,红和绿相映发,而且相变幻。父亲(当时十四岁)"退到高粱地里,费劲撒出一泡红高粱颜色……的尿";而在奶奶的鲜血里,他"依然闻到一股浓烈的高粱酒味"。这里的色、味,都不是经验世界的"反映",不是作家曾有的体验,而只不过通过这样的语言符号去唤起读者的某种艺术体验、感觉和感情。于是,在某些读者的心中,像伦敦的紫雾一样,这些感觉便被语言所创造而且固定下来。人们从《红高粱》称赞莫言的"感觉"。那么,作家用什么去感觉?用眼、耳、鼻、舌、肤吗?并不,或并不完全,如果作家有特殊的、良好的感觉,那种感觉是他的想象,是他的语言。克洛德·西蒙说"作品是在写作的同时,语言产生的同时写成的",就是这个意思。作家的入微之感只有"爬格子"——运用语言——时才真正出现,作家在运用语言,作"文字的游戏"时,才会产生特殊的感觉。

## 五

黑格尔在《美学》第三卷中反复论述语言这样的"精神性的媒介"较之感性媒介(颜色、音调、大理石和青铜)使用起来是多么困难,而具有的优越性又多么强大。黑格尔讲,语言是文学的材料。文学中的一切技巧、才能,都联系着对语言材料的使用。这种看法是为所有的后来者接受的,韦勒克和沃伦合著的《文学理论》第十四章的第一句话就是。"语言是文学艺术的材料。"不过他们已经不再满足于这样的看法,即语言这种"材料"

属于形式部分，它们传达着生活经验的部分，这个部分是内容。他们不同意文学分为这样的"形式"和"内容"。他们主张在成功的小说中，"'世界'也就变成了'语言'"。

威勒克提倡语言的新奇和惊异，要使语言花样翻新。这种主张原来是由俄国形式主义者完整地提出的。威勒克和沃伦对他们的看法很推崇。我国学者钱钟书也早已注意到这种理论，并且在我国传统理论中也找到源头。《谈艺录》摘出黄山谷引梅圣俞论诗的话是："盖以俗为雅，以故为新，百战百胜。此诗人之奇也。"接着就说道："近世俄国形式主义文评家希克洛夫斯基等以为文辞最易袭故蹈常，落套刻板，故作者手眼须使熟者生，或亦曰使文者野。窃谓圣俞二语，夙悟先觉。夫以故为新，即使熟者生也；而使文者野，亦可谓之使野者文，驱使野言，俾入文语，纳俗于雅尔。"钱氏广征博引，使我们知道这种看法已为许多国外学者所注意。钱氏的《管锥编》里也涉及俄国形式主义者的这种看法，可见这确实是一个重要的问题。从新时期十年小说文体的变化上看来，追求新奇，"使俗者雅"的，有王蒙、莫言、刘索拉等一批作家，"以故为新"的追求体现在汪曾祺、阿城、贾平凹等一批作家。这是从语言使用的两大趋向上看，但是他们共同的追求是在语言中有较多的含蕴。国外理论家们把这些追求叫作"陌生化""再野蛮化"。以故为新，已不是当年的"故"，以俗为雅，也不是原来的"俗"。文化背景不同了，作家对语言的自觉也不同了，一个新的语言风貌、一种新的文体风格，已开始了新的阶段。

语言在创造着新的文学世界。语言在使真实的经验世界变形。当作家不苦苦着力于"再现"经验的世界时，文学将有新的面貌。就是说，它的"第二项"意蕴，象征、暗示、隐喻的内容会更丰富。

## 六

我说过"语言的游戏"和"舞文弄墨"。但我的所指是"严肃的"。我不轻视作家的经验的世界，不主张轻视生活。我倒愿意引用下面一句话为此文作结，这是美学家桑塔耶纳说的：

"必须先做经验的大师，然后才能成为语言的真正大师。"

我希望我能把自己的意思表达明白。

李国涛

原载《山西文学》1986年第12期

# 读李锐新作《厚土》七篇

李锐的系列短篇小说《厚土》由七个短篇组成,在1986年同时发表在11月份的三个刊物上:《山西文学》、《人民文学》和《上海文学》。这引起读者的注意。当然,机缘凑巧,同时发表出来,是一个原因。不过,这也自有其本身的原因,就是说,这个系列短篇确实是相当有特色的。我们不妨说,《厚土》是李锐短篇小说的一次小小的突破。

《厚土》七篇并不是李锐另觅途径突然得到的,而是他近几年来继续不断进行艺术追求的成果。李锐新近出版了小说集《丢失的长命锁》,其中有几篇当时就给我很深的印象。比如《小小》《"窗听社"消息》《五十五壮汉》和《丢失的长命锁》。这些小说我是在三四年或四五年前读到的,当时似乎有什么东西在我心上烙了一下,留下一个个印痕。要说是有什么典型性格或高大形象,那确实是没有的。这些小说能"烙"人一下,大约是由于它们包含着一种热情,一种见解,一种思考,而这种热情、见解、思考作为一种艺术氛围、艺术情趣和艺术语言出现,能"烙"人。我当时也想过,这位作者在文学感受、文学传达方面,是有一点力量的。《"窗听社"消息》动人之处不在于塑造了一位开拓型的公社主任，而在于刺透了一些平庸麻木的灵魂。《丢失的长命锁》恐怕也不是要着力塑造一个勇敢的农民而是要表达一个生命的"成熟"。"成熟"怎么写？它用情绪，用氛围，用事件，也用语言的内部力量。我想，李锐近些年来仍然是沿着这种路子来探索他的短篇小说的。我以为这种探索是很困难很吃力的。这是一种真正的艺术探索。这不能依靠人物的动人、情节的动人，而是要在平凡的人生中去发现某些"烙"人的东西。小说不能不写人，也不能不写事。否则，一篇小说都说些什么呢？但是小说却不一定以塑造典型为中心，为目的；短篇小说尤其如此。写一点感情，写一点情绪，写一个小场面，均无不可，只要有某种"烙"人的东西。据我看，从《丢失的长命锁》以来，李锐恰是向这种格调、这种路子走的。他走得不坏。《厚土》是证明。

《厚土》，厚土。李锐当年被抛到吕梁山里，他落进这片贫瘠的厚土里。尔后，居然没有干死，却扎下了根，冒出了芽。根越往下扎，吸收能力也越强，他慢慢感知到这片厚土的温度、质地和养分。

李锐开始从文化心理的角度来剖析这片厚土。当然，文化心理是一个专门的学科，这种剖析不是小说的任务，也不是小说所能承担的。小说只能从社会生活出发，社会生活里有文化心理的自然的闪光。

《厚土》七篇都是最地道的短篇结构。截取生活的角度虽然各自不同，但短小则一。横断面的截取颇多，如《锄禾》《选贼》《看山》；纵剖面的截取也有，如《古老峪》《合坟》；叙述一个中心事件者也有，如《眼石》《假婚》。孙犁《关于短篇个说》说得干脆，短篇小说最主要的是短，其他各种特点都"仅供参考"。《厚土》便是这样，少有超过五千字的，最短的约三千字。但是由于构思精巧，省去许多过程、介绍，只把最主要的内容显露出来，只把最"烙"人的感情、情绪传达出来，所以相对而言，一篇篇又都很完整，甚至丰满。所以我说是典型的短篇结构。

这七篇小说，都跟随着当代短篇小说的发展，向抒情化、散文化、诗化方面作努力。但同时并不把情节和人物淡化得如一阵轻烟、一层雾气那样不可捉摸。相反，人物都是实在的，可理解可把握的，甚至是熟悉的和亲切的；事件也有来龙去脉，当然不一定头尾俱全，那头尾稍为隐蔽一下，正如海明威说，是沉在海水下的大半截冰山。于是，我们看到的《厚土》抒情化而不失生活动态，散文化而情节可辨，诗化而不离人物形象。这种写法使小说具有相当的可读性而又不使小说拘泥于情节叙述，却留下相当的空间供读者回旋。

不过如果深究一番，可以感到这些小说主要着眼于人物的心态。它们写人在一段沉重生活中的心理，一时的冲动和恢复，或一种感慨，一种委屈，一种怅惘，一种对庸俗的屈就和服从，一种麻木和满足。这都是小小的生活断片，生活中的心理断片；吕梁山人的心理断片。每一个断片上都有当代学者所谓的"心理积淀"，那像吕梁山区的"厚土"一样沉重的。

七篇小说写的都是偏远山区的落后生活。落后是落后，可也不是怪异的，也不是原始的，而是平常、正常生活中的落后的角落。这样的地方确实不少,更不稀罕。所以,这选择并不是逐奇觅异。小说反映出来的精神状态主要是迟钝、麻木以至野蛮、愚蠢的。《锄禾》里就兼有着这些精神素质。这个锄禾的场面是令人心痛的。一贯受愚弄欺侮的农民,几十年来的生活几乎是停滞的,精神几乎是停滞的,单调而麻木,他们享受的一点乐趣也是可怜可怕的。几十年翻天覆地的变化到哪里去了呢?他们只知道,"裤裆还是裤裆,地还是好地"。小说结尾,一个青年人往石碑上撒尿:

……热辣辣的水喷涌而出,被焦黄的液体打湿了的
墓碑上显出一行字迹来:
大清乾隆陆拾岁次己卯柒月吉日立
阳光下深深的刻痕,仿佛是刚刚凿出来的。
没风,没云,红楞楞的火盆一眨眼就把字迹烤没了。

这一个结尾似乎暗示着生活之流在这里的滞缓淤塞,历史在这里忽隐忽现,观照着当前的生活。《古老峪》同《锄禾》一样表现着一种麻木。什么"大干快上""改天换地",什么文件、总结、宣传,那只有对"公家人"有意义,对农民是没有任何意义的;尔后,"公家人"也觉得没有意义了。这篇小说里,贫穷和麻木交织在一起。但是,在这种令人窒息的生活中,也有美丽的火光一闪。我指的是房东的女儿,无论如何她开始看见在她们村子以外的另一种人。也就是另一种生活。那种朦胧的向往和羞涩

的爱慕，小说里写得简洁而传神。在这种地方一贯视为异端的真正的感情，在这位少女心中萌发了。这些都使人感动。但是，火花闪了一下以后又怎么样呢？读者会想到，一切又照旧。旧有的生活轨道、规范，是太有力量了。

在这两个短篇里（也许还应包括《合坟》），虽然笔调同其他各篇一样的冷峻，但是我似乎觉出有当年知识青年的天真的目光在闪烁，有那种痛苦和怅惘。我以为，这是很可爱的。

《眼石》和《假婚》都在写处于被凌辱地位的农民，在面对受到更大更深的凌辱的妻子、女人时所产生的一种特殊的心理。这种心理表现为性心理，却有相当强的社会性质。妇女被当作玩物，当作私有品和保证男人尊严的存在，她们可以买卖，可以交换。妇女的这种地位是由经济制度、社会制度决定的，但是它又有独立的、传统的形态。这两篇小说写的是荒山野村中的两段小事，是属吕梁山区风情的。就两篇小说而言，心理刻画各有特色，各有深度，都是真实而令人吃惊的，虽然就其基本内容而言又是较为相似的。两篇之中，似以《假婚》较胜。《眼石》的情感冲突很激烈，情节性也强。但是，《眼石》里人物的情感转变不太自然，似乎全由作者安排，引情感以就故事。

《看山》是散文化最强的一篇，但是情感很真实，抒发得力，所以又是诗化的。放牛的老人，而且是孤老人，要离开心爱的牛群，回到冷清的石屋里去。于是他恋着牛群而想到死。我想，他大约不会死，他对人世还有所爱。不过他以后的活，也是苦的，这一点则无疑。

《合坟》是悲凉的。对女知青玉香十四年前的牺牲，老支书夫妇和乡亲们仍然悲痛。"厚土"永远是慈爱、温暖的。唯其如此，他们的麻木，同慈爱、温暖混在一起的麻木，才更使人慨叹。

《选贼》在情节的安排（投票选贼）上似有推敲不够的地方。作者本来也是要写一种麻木，屈从和忍受。但是，如果说队长在这里仍然掌着大权（这一点是肯定的），哪个社员敢以口授的方式去投票确认队长为贼呢？难道他不怕写票的学生们向外泄露（这在农村是必然要泄露的)？因为全村一共只有十四户人家，只写十四张票。如果社员不怕，那当然也就无所谓麻木，那其实也就出现不了开始的僵局和以后的求情。小说原来要写社员们的无力，现在出现的社员们其实是机敏而且勇敢的，似乎倒是他们愚弄了凶恶的队长。当然这种情况也不是不能出现，但这确实不是作者的原意。

《厚土》七篇在语言上是用力琢磨的，作者力求有一个与艺术情趣相适应的文体。也许在一定程度上是这种文体造成了它的艺术情趣。本文前面引证的《锄禾》中的结尾，就体现出李锐小说语言的这种特色：冷峻，简洁，追求诗意的蕴含。《合坟》开头写："院门前，一只被磨细了的枣木纺锤，在一双苍老的手上灵巧地旋转着，浅黄色的麻一缕一缕地加进旋转中来，仿佛不会终了似的，把丝丝缕缕的岁月也拧在一起，缠绕在那只枣红的纺锤上。"语言呈现出似乎静止的时光，就像那石碑和碑上的文字的隐现一般。这种带有某种隐喻的写法，是李锐笔下的追求之一，还有，在这段文字后面的一句："你忽然就觉得，下沉的太阳不是坠向西山,而是落进了她那双昏花的老眼"。这不是写景色了,而是以错觉、设想写氛围。

在《看山》里,牧羊人在山头打量着自己的村子时,"有一缕烟从嘴角挤到眼眶中来,泪水热辣辣地淹没了村子和家"。这是以语言的多义、歧义,表达沉重的情绪。太阳落进老眼,眼泪淹没村子和家,这也是隐喻,是一种语言的追求。

此外,《选贼》一再写一群人都"糍"在一起;《锄禾》写社员"窝"在东山凹里,汗珠在土上"泅"出小小的圆印儿,男人的小便"射"进土里。凡此,都看得出作者"炼字"的心思。《古老峪》写窑里的公鸡,"唱一遍;然后,再唱一遍;再然后,还唱一遍"。这里表现出那位青年干部的不安和不眠。而这个简短的句子里重复几个词,变动几个词,能给人深刻的印象。这算"炼句"。

在对话上,我引下几句《古老峪》里的,请看:

"你给咱们当古老峪的先进吧!"
"我不。"
"为什么?"
"我才不先进哩。"
"我看这三天就数你听得认真。"
"听啥。"
"念文件呀。"
她抿嘴笑了:"我啥也听不懂,我是看你念得好看。"

从短篇小说对话的要求来看,这是很合格的,人物确有神态、心态从对话中表现出来。

我对《厚土》的印象如上。

我知道李锐很倾心于在小说中表现文化心理的积淀。我以为有道理,他也确实取得成绩。但是文化心理在停滞的生活中可以表现,在变化、开放、眼花缭乱中也可以表现。当前农村的变化很大,很大也仍然有它的停滞麻木的方面。我希望李锐向新鲜的生活开拓,也许在变动不居、五光十色中表现文化心理更有意义,当然,也更难。

李国涛

原载《山西文学》1987年第2期

# 读谢俊杰《悠悠桃河》漫记

谢俊杰同志是50年代末发表作品的中年作家，他的小说我读过不少。他近十年来发表的小说，我大体都读过。这次读了他的《悠悠桃河》（《山西文学》1987年6期），我觉得似乎胜过他以前的所有的作品。

我省50年代开始创作的作家，大都具有较为深厚的生活基础，可以说在深入生活，尤其在深入农村生活方面，都是下过苦功夫的。他们的文字功底一般也是较为过硬的，尤其在学习农民口头语言方面，也是下过一番苦功夫的。不过，由于历史的原因，他们也往往带有那个时期小说创作上的弱点，就是把人物自觉或不自觉地划分为不同的类型，各有归类，所以人物面目都差不多少；情节也相应地按一定的套路去处理。于是，丰富的生活，被简单的手法加以剪裁，制成大中小型号的套装，为一时一地的各种政策服务。（这里只就大体而言，并不否认当时的优秀或传世之作。）久而久之，一种写法反过来统治了作家，就是说，影响了他对生活的观察、理解、分析、吸取。以至在十年动乱之后，当人们大叫"文学要回归到自身"，呼唤作家写出缤纷多彩的生活，各式各样的人物来之时，我们50年代起家的一批作家虽然都曾一试身手，各自写出过精彩之作，可是总像受到点束缚。我以为，恐怕方法上的影响是一个很重要的原因。

谢俊杰是这代作家中的一员，多少也有这种情况。但是他其实刚刚"人到中年"，精力充沛，又勇于追求，严于律己，他还会有长足的进步，这是他个人相信，大家也相信的。果然《悠悠桃河》在他的小小一段沉默之后拿出来，给人生机勃勃的感觉。人们感到，这位作家的文学感受能力还是很强的，而这种能力对作家说来至为宝贵，因为它能帮助作家发现、采掘生活中的文学矿藏。

《悠悠桃河》，情思无限。它写的是一段童年的生活。小说浑然天成，见不出斧凿之痕，无造作扭捏之态。一段生活，几个人物，在两万来字的篇幅中展现出来，一气读下，不觉终卷。

主要的人物自然是母亲和姣姣小姨。这两位人物都很出色。母亲在战乱中死去丈夫，带着三个幼儿生活。她的艰苦，她的坚强，确实充分地体现出劳动妇女的高尚品德。她的希望和失望，她的失望和绝望，她的绝望和重新产生的希望，在并不复杂的情节里，表现得相当动人。对丈夫的怀念和对子女的爱，是激励她在万分难熬的条件下生活下去的唯一力量；当然，还有周围几位好心邻人的劝勉和帮助。这一切完全由情节和细节表现出来，作家似乎完全没有想到技巧上的铺垫、烘染，一切都像桃河的流水一样悠悠而下，带着浓厚的感情。姣姣小姨的善良纯真也写得好。正在少女年龄，她已被迫成为少妇。这个少妇的哀怨，通过她抚爱亲逗一个五岁的孩子而表现得十分精细真切。这里没有残忍狠毒的婆婆；婆婆是善良的。有一个傻丈夫，傻丈夫也不是傻到无知无识。但是，这也就够了。姣姣小姨善良，姣姣小姨刚强。一个美好的生命被毁灭，不用渲染封建家族的势力（虽然石柱的死亡是封建家族所造成），不用渲染封建舆论的可怕，一个如此美好的生命不能存在，这就够了。如果按以往所理解的"典型环境"，那么就一定要把小说情节，人物加以改变。现在，作家如实写出艺术上，文学上需要的东西，其社会意义并不弱，思想意义或许更强，而在艺术上却更站得住，更耐品味。这大约是一种更为可取的方法。

小说里有一个着墨不多却很生动的人物，不应略而不谈的，那就是叫作"六十"的这个人。这是个穷大胆，好像应该属于赵树理笔下的富贵式的人物。因为写得简单，身世不明。但是此人很有特色。居住地点就怪，在日本人遗留下的炮楼里，单身。做什么营生，难说，反正那年头他是"哪儿枪响朝哪儿窜"。去干什么？扒死人衣服卖钱。说起来可怕（他的干法更可怕），其实，他并不扰害活人，那也就不可怕。小说写到他送母亲走夜路，背上驮着小儿子，那一段却写出"六十"真是个好人。请看：

>  又走了一阵，"六十"忽然蹲下，让我叉开双腿，他把头往我腿中间一伸，又站起，让我抱住他花白的头，骑在他脖子上。妈妈忙说："大哥，让我背他一程吧！"
>
>  "你留点力气赶路吧！""六十"不耐烦地说，朝后

一伸手。"干粮!"

这一处描写是很神气的。我以为这朝后伸手要干粮的一点,是全篇小说最使我动心的地方之一。这是性格描写,这也是作家在生活中的发现。我想,这种地方也许俊杰在写作中没有充分意识到,所以这个人物在后面几乎没有出现。本来,还可以给他加上一笔两笔的。

小说写到那位骗子刘叔叔的出现,有点脸谱化。看到那里我就想:准是个骗子。果然如此。凡被读者预先猜到,而且不费力地猜到的地方,大都是不大高明的地方。还有一处,写"我"在山里看见石柱正搂住姣姣小姨。"抱得那么紧,还在姣姣小姨脸上乱啃"。好像这不大像一个五岁小儿的感觉。夫"乱啃"一词,乃电影电视上此类镜头多起来以后当代人所用的"评论语言",似非四十年代小儿口中语也。

小说的另一个特点是写得比较厚实,水分少,硬货多。换到另一位作家手下,写成三万五万或十万八万字的东西也是可以的。这可以见出俊杰的写作是严肃的、认真的。这是一方面的优点。但是从另一方面说,如果有的作家据此而铺成三万五万、十万八万字的小说,只要灵动而丰满,那便显示出一种艺术才力。试以李锐的《红房子》(中篇)相较,其中的生活内容并不如《悠悠桃河》那么多,但气韵和情致都略胜一筹。从这方面讲,俊杰又失之太实。小说里可以展开的地方似乎还不少。据说此作中相当一部分是真实事件,相当一部分是作者的亲历。亲历之事,有真情实感，所以真切动人。但写小说恐怕不能只靠亲历之事。因为，人生能有几多亲历之事呢？所以，想象、虚构，都是需要的。"假作真时真亦假"，真真假假，乃成小说。这不是什么不真诚。梁简文帝说："立身之道，与文章异。立身先须谨重，为文且须放荡。"鲁迅很赞赏这话，说"后世小器文人，不敢说出，不敢想到。"（《书苑折枝》）何况俊杰连他亲历的真事也未充分写出，留下些极动人的材料。也好，留在另外的小说里写罢。但是，把真正属于文学的东西放过了，这在思维方法上，倒是很值得注意。其实，这正是写作技巧上的大问题。

说到技巧，我以为《悠悠桃河》选取一个五岁的孩子作为叙述者是一个很好的选择。同一个事件，用什么角度去写，用什么语气去写，是极为重要的。比如这篇小说，可以用所谓的全知角度，以第三人称来叙述一个家庭的遭遇；也可以用母亲的第一人称或姣姣小姨的第一人称。当然还可以有其他的选择。人称、角度定了，还有一个语气的问题，冷静些还是情感充分些，嘲讽世事还是悲天悯人，还是自怨自艾，这都是可以考虑的。这篇小说用"小三儿"这个五岁孩子的眼光，以不谙世事、一派天真的语气，叙出极悲惨、极壮烈、极美好、极艰苦的人间生活。由于这个五岁孩子的生活地位，他目睹了一切原不应让他人知道的事。在小说里，这都十分合理。这篇小说取得较好的艺术效果，我以为同这种选择是很有关系的。当然，如果小说的内容是作者的某些亲历，那么他现在写起来就用这种角度，是非常自然的。不过由此似乎也就可以进一步考虑选择叙述角度的问题。比如《孔乙己》，其情节内容同孩子的生活是全无关系的。叙述起来，可供选择的角度也很多。除第三人称的叙述外，从酒店老板的角度，从酒客的角度，从孔乙己自己，都可以进行。但是鲁迅特地设置一个孩子到酒店来打杂，从他的眼光来看待酒店里的事件进程，这是精心安排的。其效果，自不待说。《药》却偏又不从华小栓的角度叙事了，而是以全知的角度，间或从华老栓、华大妈的眼里观看生活。这都说明，这里面是大有讲究的。我们可以细细思量。

　　作家写回忆中的生活，常易取得艺术上的成功。为什么？因为事情久远，能留下的印象都必定鲜明。又因为久在脑里转动，体会也常深切一些。契诃夫甚至说过，"我不能描写我当前经历的事。我得离开印象远一点才能描写它。"（《文艺理论译丛》1958.2。）汪曾祺在《桥边小说三篇·后记》里说"小说是回忆"。那意思无非是说，让事件、人物、意味，在脑子里有一番沉淀，经历点酝酿。我想，这是有道理的。当然，这也只是就一般而言，契诃夫不是没有写过周围发生的事情，汪曾祺也是这样。照我想来，这都无非是说，使小说脱去浮躁，取得醇美。话又说回来，为文之道千头万绪，紧密注视当前生活，反映当前生活的作家也正不少，他们也有佳篇名作。《文心雕龙》说"人之禀才，迟速异分"，这也勉强不得，一律不得。

　　今年五月下旬在一次会议上同俊杰见面，他谈到这篇小说，要我看一看，提点意见。同时他还谈到今后如何更上一层楼的问题。关于《悠悠桃河》这篇小说，我的一点感想如上。但是关于这位作家进一步的开拓，我一时却想不起多少意见。我觉得《悠悠桃河》写得不错，它的深厚的生活内容，它的情真意切，它的叙述角度，它的简洁的笔调，都有可取之处。俊杰以往的小说里也具有这些优点，不过不像这篇小说把这些都集中地表现出来。五十年代起家的一批作家都受现实主义的陶冶，而且自觉地在创作实践中运用。我想，这是他们的优势，今后的创作还是该坚持这一点，而且要有所发展。现实主义并不是凝固不动的，而且它在各个作家身上也表现得各不相同。作家的才学、器识、经历不同，现实主义的原则在他身上，在他笔下，也就可以是凝重庄严的，可以是灵动洒脱的，可以是幽默辛辣的；可以是温厚和悦的。可以粗，可以细，可以文，可以野。同样是现实主义，你将是什么样子，常常并不自觉，也难恰如己意。一方面要深入生活，体验观察，一方面也要耐心读书，培养、提高自己的文学鉴赏力。有了真正的鉴赏力才辨得出优劣，也才便于吸取文学营养。恩格斯曾劝导一位诗人，"认真地研究各个民族的古典诗人，以便从头开始培养鉴赏力。"《马克思恩格斯全集》二十九卷577页）契诃夫在给青年作家尼·米·叶若夫的信里也说："您多看点书吧……换句话说，您应当培养对好语言的鉴赏力。"鉴赏力是必须具有的。我们常说人的眼界高、眼界低，或者说"眼高手低"，其实"眼高"大非易事。"眼高"即鉴赏力高，它与"自高自大"之类是完全不同的事。鉴赏力只有从读书中来。恩格斯说的是"各个民族的古典诗人"，因为他是对一位诗人而言。在小说家，那就该读一读古今中外的名著，这是提高鉴赏力的唯一可行之道。

我把话说远了。其实，这对作家说来，对谢俊杰说来，也是切近之事。我们说"写作"，并不是坐到桌前就写呀。生活、读书、旅游、交游，许多看似遥远的事情，一朝集中到桌前，集中到稿纸上，那就是"写作"。

听说谢俊杰目前正在遥远的地方旅游、交游，他又要进入一个新的境界。待他看到这篇小文时，该有会心的一笑吧。

李国涛

原载《山西文学》1987年第8期

# 有趣的往事——义夫《短篇二题》

本期所刊义夫新作《短篇二题》，写了两件很有趣的往事。

从义夫以前写作的路子来看，他是不大喜欢写往事的，尤其是老早以前的事，其事又无关于国家兴亡和严肃的道德法纪。

义夫以前的小说总是直接反映当前的农村问题，有点近于"问题小说"的路子。我想他在写这两篇以前一定想过：这种题材值得写吗？有"意义"吗？——这里所谓的"意义"自然是社会教育意义。现在，由于整个文学界思想开阔、眼界开阔；义夫呢，也年过半百，"往事"在脑里萦回渐多；于是，就有了这个《短篇二题》。

《短篇二题》有没有"意义"呢？我想是有的。民俗学上有价值，这且不说。它写出旧社会里某种人物，这样的人，在新社会里根本见不到，其认识意义也不小。而且，两篇小说各写出一种特殊的心理状态，喜欢遐想或瞎想的人甚至不妨去猜测某种隐喻的意义。要知道，一篇小说能引人遐想或瞎想，也颇不易。小说直直地表现了一个极其明确的主题，不容曲解，只留"正解"，倒也未必是好事。

比如我读了这两篇，就能产生一点瞎想，觉得其中似乎有点一下子说不太清楚的东西。于是便赞曰：有点味道。

第一篇《作家》，其中的人物其实是穷乡僻壤里的一位孔乙己。孔乙己只爱喝酒，无钱买酒便偷书。这位"作家"的生活比孔乙己更下一层，已谈不到喝酒，只求饱肚。饱肚之后，他一人住在文昌阁便有点"思淫欲"了。

于是就扎成一个草人，外裹花衣，深夜无人，便抱在怀里，倾诉衷肠。他可怜。他为什么不讨老婆？因为穷。他为什么不到村里找女人混一混呢？因为他又固守孔孟之教，不但走路目不斜视，女人给馍也绝不用手去接，只张开口袋请女主人扔进去。结果，结果他就只能这么结果。按性心理学，他大概害了哪门子神经性质的毛病。害这种病，可怜；如果他没有病，只是"聊以解忧"，那也可怜，或更可怜。

后来这位"作家"走了。走向何方，无人知晓。他到另一个村庄，如果能讨够果腹的馍馍，大约还会扎个妇人拥抱一番吧？

这是一种人生。这也是一种人性，这更是一种人性的变态和丧失。

这令人悲哀。——我想，这便是小说所能产生的最好的效果之一种。

第二篇《演员》，说是往事，不如说是轶闻。有趣，有趣得很。它会使读者大笑一场。

我就笑过。笑了之后我想，人们的哀乐着实是难以相通的吧？别人家死了人（虽然算是喜丧），对邻舍说来，不过只供看看热闹听听哭声作消遣而已。豪门贵胄，敬赠挽联，那也是留给活人们欣赏其挽词的雅俗工拙,书法的笔墨清浊。这都是一样的情绪。

而且我莫名其妙地想到文艺上的问题。我想,大约艺术就是这么产生的。比如哭丧。孤哀子号啕,鼻涕眼泪联成一串,拖得老长,大约是不好看的,也是不好听的。那位演员哭丧哭出如此的"轰动效应",就是因为她哭的是见过一面的公爹。说句不该说的话,要是她的亲爹故世,那她是哭不出这种水平的。所以,艺术光靠情感不行。孝子哭爹,真情无疑;孝子娘子哭公公,多少总带点做作,但是却有了"戏"。这篇小说写的这一场哭,实实写得精彩。这哭,真也合了当代艺术理论中"形式即内容"的说法,你看:"那哎哎的腔调,那凄惨悠扬的拖声,在夜空里也让人听了不免一阵酸楚"。这时,孝子娘子的"词儿"都说完了,没有"内容"了,只有"形式"了。"形式"也动人之情,也成了内容。

我这也是随想随说,说到艺术的起源了,实在离题太远。要想收回,重新上题,那就要说,孝子娘子(即演员)的"表演"性的哭,压过儿女们"嘶哑的哭声"。可见,有时人们需要假的比需要真的更为迫切。当然,这大约是在艺术欣赏的范围里,不过在人生其他领域

也不乏此例,请读者三思。

《演员》笔墨酣畅,胜过《作家》。《作家》对心理的刻画实际上未能展开。

义夫对小说的这种取材、这种写法,尚是初试,我的评说其

实是有些牵强附会。不过对义夫个人以及义夫这一茬子作家,别开生面,另辟蹊径的办法,还是大可一试的。

李国涛

原载《山西文学》1987年第9期

# 王博勤的《天桥小说》

《山西文学》在今年的第2、5、9期连续刊载了王博勤的三个短篇小说《干妈》、《小老五》和《炮兵八连》。三篇小说都是"京味"十足,而且是天桥风情,又是解放前后那三二年里的故事,时代特色和地方色彩都十分鲜明。

王博勤是何如人也?

一打听,原来是一位中年人、女同志、新作者。知道了这点情况我才又想:怪不得呢,不是中年人就难得有那一段生活经历,难以写出那样浓烈的色彩;不是女性就不大容易流露出某些特有的感触。新作者,这倒不用想,因为以前没见过她的作品,而现在的作品里又不时地留下一点两点新手的疏漏来。

向编辑部的同志询问,知道王博勤幼年在北京生活,熟悉天桥一带,后来可是长时间在山西阳泉市的一个工业系统里工作。她到四十五岁才开笔写第一个短篇小说,就是《干妈》。不过在此以前她可不断写点什么,记点什么,练练笔。投稿,是兴之所至;写稿,是情之所寄。于是,编辑部就发现了这样一位中年的新作者。我们也得以读到她的很有特色的小说。

据说王博勤写作很勤奋,生活的积累也比较厚实。她将来会写些什么，暂时还很难说。现在且就她的三个短篇来说一说吧。

我说三点。

——童年视角。

这在王博勤的小说里是很明显的。她的三篇小说都写的是童年生活印象，而且对儿童的心态也表现得十分生动。《干妈》这一篇，就主要人物而言当然应当是"干妈"，那是一位从旧社会妓院生活的苦海中走出来，走到新社会里来的女性。不过是一个孩子眼里所见到的人物，是从儿童的视角来写的。其他两篇，也莫不如此。

不但是一个普通的视角问题，而且是一个有特定身份、教养的儿童视角。就是说，小说是由一个"天桥的孩子"，也即北京天桥的"野孩子"的视角来写的。小说把这一点表现得很充分。所以，在小说里就有着一贯的色调。北京太大。香山颐和园和王府井南池子大不相同，琉璃厂和海淀也大不相同。而天桥在北京是有特殊地位的，那里的风情也许是北京的民俗"特区"。近来看到过专门回忆琉璃厂的文化风格的文章或著述，又见到《天桥传奇》长篇著作的出版。这些地方都是北京城里几百年生活的积淀层，特色太鲜明了。王博勤的三篇小说从"天桥的孩子"的眼睛写天桥的生活，不妨说是有点民俗学的价值；至少，笼统地赞之为鲜明的地方色彩，不为过分。

谁还记得解放前后天坛的荒凉和趣味吗？这里写得有声有色。

谁还记得修龙须沟时，从沟里爬出多少乌龟吗？大的有多大,小的有多小?这里写得充满情趣:"慢悠悠爬了一马路"。

谁还记得镇反时枪毙人的场景吗?——也许有人记得,因为社会意义太强了。但是谁见到了全过程,包括在死人身上捡弹头玩,"人血从棺材缝里流出来"。这里看得出广泛的人民情绪和"野孩子"们在生活中的顽强。

谁还记得怎么买卖银元?

谁还记得野孩子怎么拣烟头、烟叶?

谁还记得……

总而言之,有许多生活细节不经提起早已被人忘却了,而小说提供了许多。

当然,这不是小说的任务,也不能作为小说主要的评价标准。虽然它永远是现实主义小说向社会做出的最有特色的贡献之一。

但是小说的更重要的任务是什么呢?这三篇小说完成了些什么呢?我想说它写了几个很不错的人物。除了干妈这个人物以外,三个"天桥的野孩子"写得都相当生动。作为重点刻画的"小老五"这个女孩子,是非常感动人的。时代不同了,您要在当前的社会里,不管在天桥还是在别的什么地方,要寻找到那样顽强、大胆、充满野性的八岁女孩子,敢翻开脑浆拣弹头、敢"光着脚呱唧呱唧踩血块子"看死人,怕是找不到的。但是,小老五的善良、热爱生活、要求尊重、追求前途、重视友谊,这些地方又同现在的和任何时代的儿童是多么相近呵!

从童年汲取写作素材,这本是作家们常有的事。童年对每一个人和每一个作家说来都是丰富的宝藏。

随着人们年龄的增长,童年的感受本来是逐渐淡薄的,如果有一些印象在时间的冲刷中残存下来,它们必定格外鲜明。而且童年的印象受到各种理论以及偏见的影响较少,它们常常在本质上就是艺术的。

以三篇小说来看,王博勤的童年视角选得不错,在这个视域里有许多东西可写。

——文学感受。

我想,现在似乎还不必过多地称赞王博勤的文学技巧。她的小说之所以感人,在我看来是由于她个人的文学感受力很强,她能从生活中感受到真正属于文学的东西。正由于她写的东西属于文学,她的小说就排除了不必要的观念化的影响,她不要图解什么,也不想直着嗓子呼喊着什么血泪或欢乐。她有感受,她把那些感受写下来,您瞧,这就是一片片的绿叶,带着露水,闪着阳光,是真实的,不是塑料的。

但是文学感受是从什么时候开始的呢?作者写的是童年所见所闻所感,当然感受是在童年便产生了。然而写的时候已是现在。现在,作为一个成年的作者,又到往昔的生活记忆里去翻腾,去拣选,当然同时又是现在的感受。这就是说,童年的感受和成年的感受共同组成作家的感受。其实也不一定写童年的素材才有这样的问题,任何素材都是如此。作家不能笔录眼前正在经历的当场发生的事件。所以总会有一个当时的感受和后来的再感受。

您要问怎么样的感受才是真正的文学感受,我可也说不清楚。它可以是一个情节,一个人物,一个细节或几句对话。在一个短篇里,它往往表现在细节和对话里。也许在生活中,这些内容并不出奇,甚至平淡无奇,可是一写进小说,它就动人,它能使您一震。《干妈》里写干妈的几件事能清晰地勾画出一个形象:瘦弱、可怜、受人轻视,但是善良、热情、又勇敢。叙及往事,有这样几句对话:

"老刘家里的,你长得这么俊,那老鸨就舍得卖出来?老蔫买你花了多少钱?"这是赵妈妈的声音,我在鸡蛋箱子里听见。

"那时候我老吐血,别说给个钱儿,不给钱也愿意推出来,不能接客又传染人,不定哪天咽气呢。"干妈的声音。

"你接过几个客?"赵妈妈问。

"把那个割下来能装满那一箱。"干妈显然是指我睡的箱子。她声音颤抖了。

赵妈妈不断地喷喷叹气。

在装运鸡蛋的箱子里睡觉的孩子听到这些,理应不会忘记,读者读了恐怕也不会忘记。干妈病危时用手推"我"说,"出去……出去……热血扑人……"这"热血扑人"比"脏""传染""难闻"不是高明得多吗？

《小老五》里写两个七八岁的野孩子谈论新媳妇烫头的事，真是有趣得很：

"娶了为什么烫飞机头哇？"高贵琪问。
"把头上的虱子烫死呗。"小老五告诉他。

读到这里，我想起马克·吐温小说里写两个"野孩子"在夜晚的谈话。一个问流星是什么；一个答说，流星是月亮下的蛋，因为臭了，甩掉它，就带着尾巴落下了。小老五的话没有那么多的诗意，但有着同样的天真。这种天真里带着北京天桥"野孩子"的想象，并表现了他们的生活状况。

小老五是一个聪明的女孩儿。由于父亲不能接受"当戏子"的建议，她失去绝好的求学机会。她难过，"咧着嘴笑"永远是她表示难过的方式。爹骂完了，教训完了，说：

"……帮爹做买卖，看摊，听见没有？"
"听见了。爹，我摘扁豆挣了一毛四，攒够两毛我给您买一个大力丸。"
"甭买那个，不管用，那都是瞎说。这不下雨了吗？明儿不出门，你还不如买几块臭豆腐，咱抹贴饼子吃。"
"嗳！我还上三角市场给您端一碗豆汁！"

命运改变了,命运决定了,使人难过。可是小老五这个野马一般的孩子,在爹面前是多么柔顺、多么体贴人意。在这里,我不仅赞赏作者的文学感受,而且我也从这种感受里体会到一个女性作者的敏感。使我有这种体会的,不只是这一点。前面说到关于烫发的谈话,还有伤了手指上厕所没法解裤带,曹大姑娘帮她梳头,这些地方都是女性作者的感受,虽然写的不过是一个八岁的女孩。如果我的体会不是穿凿,那么的确可见作者的文学感受是很细致的了。

三篇小说之比较。

王博勤已发表的小说只有三篇,似乎没有必要作什么比较。不过由于她的小说很有特色,又很集中地发表出来,所以我还是愿意谈一谈。

三篇里面,《干妈》和《小老五》写得较好。其中《小老五》又稍强几分。要说出它们的好处,还是要从现实主义文学的要求来说。现实主义要写出人物,人物要具备个性又要具备社会性;而人物的社会性就必须从它所处的环境生发出来。这就是恩格斯概括的"典型环境中的典型性格"。

在短小的篇幅里这种要求当然不能求全。但是《干妈》和《小老五》可真是把一位妈妈和一位女儿写出来了。人物的社会性自然流露出来,他们的言行和情感都十分自然地表现出这些。

相比之下,我觉得《炮兵八连》稍差一些。如果从作者所使用的"童年视角"来看,写一写解放初期的军民新型关系当然也是很有意义的；不过，虽然是从"天桥的孩子"的眼睛里去看，所看的毕竟是兵营生活，是解放军官兵，而不是作者熟悉的天桥居民。所以作者就离开了她最能把握的题材，它的天桥味儿淡得多了；于是《炮兵八连》就显得一般化。

当然，《炮兵八连》里的狗剩和他父亲杨老头都费了作者不少的笔墨。他们是天桥居民，写到他们时，尤其写狗剩时，先农坛、永定门一带的景物也写了不少，不过都没有同人物的命运、活动、心理交织到一起。试比一下《干妈》里"我"听人们骂乌龟和到市场上给野狗"掰眼"，这些地方是情景交融，简直无须什么着力的描写。《小老五》里这种风情画面更多。比如小老五在三春园摘扁豆挣钱，坐在老豆腐摊上吃饭，那都是难以移易的天桥生活情景。而小狗剩在兵营里呢，却没有见到什么很有特色的场景。

如果再比较一下，似乎狗剩就是小老五的再次出现，不过由女孩变作男孩而已。倔强、自尊、被穷苦生活磨练得粗野，他和她十分相似。他也只有父亲，父子相依。而父亲也是比较粗暴，对儿子没有时间和精力去关心。——这样说来，在《小老五》和《炮兵八连》的主人公之间好像出现了一点相似。小说要独创，最好是一篇有一篇的人物和意境。

我前面说到，在这三篇小说里不时地留下新手的疏漏之处。指的什么呢？我指的是结构。具体说来，在段落之间偶有缺少衔接的地方，包偶有叙事先后缺少斟酌的地方。在《小老五》里这种情况较多，小说似乎由长短错落的断片连缀起来，不少地方显得突兀：也许稍微顺一顺，或在段落前后加上一句两句交代，这也就解决了。

王博勤这样的中年新作者的出现，说明我们文学创作的潜力是很大的。记得五十年代后期，在一阵鼓励创作的活动之后，曾有一些中年或老年开始写作或重理旧业，他们之中有不少人后来写出了很好的作品。当前的文艺方针和政策更加鼓舞人，不但青年作者大批出现，中年作者也接踵而至，这真使人兴奋。而且我由此见到，青年作者受到编辑部的重视，中年作者也不在编辑部的注意之外。编辑同志们是辛勤的、有眼光的，而且是公允的！

李国涛

原载《山西文学》1987年第12期

# 《土地悲歌》序

由于我长期做编辑工作和评论工作,我已经变成一个"职业读者"。"职业读者"的毛病是在阅读文学作品时,常想着作品的优长之处与败笔。时而为一段精彩的描写或一个恰切的用语而击节,也时而为某处安排不当或语病而惋惜、皱眉。这样一来,个人动情的时候就较少,因为精神不能专注。所以我常感叹,以为我在文学阅读中所得到的艺术享受不如一般读者那么多。

这次崔巍拿来他的三个中篇要我看,说是要结集出版,请我写一篇序。崔巍前些年的小说我看过一些,近两年的,看得很少。既然要写序,少不得又发挥"职业读者"的特点,作一番职业性的阅读。

崔巍的这三个中篇是《土地悲歌》《黄土地上的童话》和《沉睡的土地》,分别发表在《黄河》和《山西文学》上。有人以其篇名,也以其内在精神,称之为"土地"系列小说。我想这名称是合适的。

我从头读来。自然,还用我前面所说的"职业阅读"方法,也是一种习惯阅读方法。忽而思考其结构,忽而注意其语言。但是阅读不久,我便忘了自己的职业,也改变了一向的习惯,这就是说，我被作品的艺术力量所打动，被完全吸引在一个艺术天地之中。我在作艺术欣赏，我真的在一种艺术享受之中，暂时竟忘记了这序言要怎么写。这在我，是少有的事。

读完这三个中篇，略一回想，又觉得以这样的阅读来写序言，或者写一篇短评，倒也不是一件很难的事。有了较深的感受之后，文章反而好写。这比读时便念念于章法句法，倒好得多。

这一个系列，真正写出了太行山一片广袤的黄土地上顽强生存着的民族之魂。按时间说，《沉睡的土地》写抗战开始时，一个极偏僻的山村突然成为一场大战的中心。小说写了此时此地，纯朴的、未经教育、没有觉悟的人民如何在麻木的、束手待毙、引颈就戮的状态下，成批地被日寇杀害。那些记述太悲惨、太痛心，它甚至于对今天中国任何地方的农民来说，都是无法理解的愚昧和怯懦。从1938年到1989年，这五十年间，中国人民在中国共产党的领导教育下，精神面貌变化太大了，以至于现在的人无论如何也不能理解，比如，十几个健康有力的中国人，其中还有练过拳脚的汉子，怎么会跪倒在一个受了伤、站都站不稳、一推就倒、已被推倒又被扶起的日本兵的面前跪成一片，被他活活打死、烧死。那时候，这里真是"沉睡的土地"，人民，民族的灵魂，都在沉睡。抗日战争唤醒了这种沉睡，这是令人庆幸的。不过，民族精神仍然可以被另一种愚昧和落后所压抑。《土地悲歌》写的是在战争中觉醒的人民，团结斗争过来的两个邻村的乡亲，在新中国竟为了争夺土地，发生长达十余年的械斗。死了多少人，流了多少血，发生了多少令人撕心裂肺的人伦悲剧，浪费了无法计算的精力。这又是一场浩劫，虽是写两个村子，但在中国的大地上决不只在这两个村里发生过此等事。这是中国土地上的悲歌，是作者为某种愚昧落后而大放悲声的悲歌。总之，我明白崔巍下笔的意图，他要写出农民曾摆脱的愚昧，而呼唤着更高的精神文明。

从题材之重大，立意之深远，我赞赏以上两篇。

以上两篇，令我痛苦、悲哀，有时让我推开书本，站起来踱步。但是它们还没有使我流泪。我读《黄土地上的童话》时，常有眼泪模糊了我的视线。我想说，我被崔巍描写的那四位姐妹和几位老人深深地感动了。我记得，我读崔巍的小说，没有哪一篇比这一篇更动情。

按时间说，《黄土地上的童话》大体是和《沉睡的土地》同一历史背景，即抗日开始，民主政权建立。不过着眼点却是几位姑娘，或者说只是几个小女孩子（七八岁的、五六岁的、十来岁的）命运。也许正是由于写的是这些孩子在家庭中的命运，作者能细腻地触及每个人的情感最深处，其刻画之婉转入微，真实到可怕，那是可供心理学家来研究的。大姐怕"熬"字，四妹哭从未见过的爹，着实令人战栗。复述将是无力的，请有心的读者自去领会。

在这三篇小说里我特别喜欢《黄土地上的童话》，大约也是由于它更充分地发挥了小说的功能，深入人物的内心。而其他两篇，由于取材角度不同，要花不少的力量去介绍背景、交代过程，因而艺术的魅力不够强烈。

在这里我提出"纪实小说"的名目来说一点意见。这概念已普遍使用。似乎有人提出过质疑，也未深入讨论。我不反对这个概念。不过我不大懂得，纪实和小说究竟怎样统一。纪实是写实事，一点不含糊，可以同生活中的实事相比较，经得住考证、核对。而小说的特点是虚构，是"伪陈述"。这道理也不必细说。但反映到创作上，崔巍写这些作品时一方面作为小说来写，一方面又要照顾当年的史实。在家庭琐事的范围里还较好腾挪，遇到较大的事件便有些碍手碍脚。从读者的心理来说，称"纪实"，便是与读者达成默契，即所纪的一切都是曾经存在的实事。称"小说"者，读者会将一切故事、人物当成作者"神思"的妙用。

"纪实小说"大约是基本属实，间以少量虚构吧。但谁知道哪些是虚构的呢？——这样说来近于抬杠，作者会问：你为什么要知道哪点属实哪点虚构呢？也算问得有理。

是的，我们把这里的一切都当作一个艺术的世界来接受，也就可以。这个艺术世界使你动情，使你震动，这便是成功。

我希望崔巍的小说由此而有一个更大的发展，我相信会的。

李国涛

原载《山西文学》1990年第7期

# 编者后记

20世纪80年代初期,李国涛先生曾经在《汾水》和《山西文学》主持编务工作,"编稿手记"是他这一时期的一个小小创举,他把编辑稿件时的感想和作品一起呈献给读者,简洁地把编者、作者和读者连在了一起。著名作家马烽当年曾向李国涛先生说,你想的这个点子真不错!

这些小巧的文章有对作品的欣赏,也有编者自己的趣向,或谈创作的心情,或谈读者的感受,谈作品构思的精巧,也谈人物描摹的风韵。篇幅短小,灵动而从容,总能和作品相映成趣,交映生辉。得到这样一篇编稿手记,作者常常高兴得像中了彩。

李国涛先生曾工作多年的那个小院落,如今花木葱茏,不知何时栽种的两株山楂树,年年都开放繁盛的花朵。他还时常到院中散步,若有蹒跚学步的幼儿来抢夺他的拐杖,或是咿咿呀呀地和他聊天,总让他开心很久。如今李国涛先生已步入耄耋之年,而那些"编稿手记",即便在他自己,似乎也淡远了。

是淡远了,那个时代,那些情怀,有些作品和作者,都远了……

但是,翻开已经泛黄了的刊物,那些短小的篇章并未随时光流逝而褪去光彩，把它们拣选出来细细端详，脱离了原来所依附的作品，它们似乎仍然发出细碎的光芒。把它们小心捧在一起，它们竟也不再散落，聚成不小的一团，相互依偎着拥簇着，向周围放出跳动的、各色的光辉。

这本书就由这些仍然散发光芒的小文章组成，它们也是心血凝成的作品，虽然它们的出生是为了别的作品。

2016年6月中旬，蜚声文坛的报告文学作家赵瑜在小院中与老人相遇，聊过往，谈今生。他说，从当年的一个毛头小伙，到今天步入花甲之龄，三十余年听教诲，唯告求真乃立身。后来他在微信朋友圈又一番慨叹道："评论老翁李国涛，山西文坛扛鼎之人。'山药蛋派'之说，源出其笔，'晋军崛起'主将，无不受惠。"而他的一位圈内朋友也说："李先生主编的《山西文学》，办得真好啊！可以说，是他让我热爱文学。当时我上初中，期期买，期期看。"这位老人，就是精心扶持山西这块土壤的作家群苗壮成长，第一个站出来走笔长文，鼓励写实，鞭策文体探索，推动山西文坛涌动文学纪实新潮的李国涛先生。

评论家韩玉峰先生在《且说李国涛》中，曾经有这样的描述："在我的印象中，李国涛在省作协担任过副主席，但是没有做过行政领导工作，只是走着一条写作、办刊的传统文人道路，在《汾水》和1982年改名的《山西文学》担任主编。李国涛给我的印象是他对人和蔼亲切，温文尔雅，一派学者模样。"近六十年来，李国涛先生一直从事文学理论研究和文学评论工作，研究范围包括鲁迅研究、汪曾祺研究、小说文体研究、山西作家作品研究各个方面,均取得突出成就。李国涛的文学评论涉及面广、研究领域宽,在对山西文学和山西的作家作品的研究中,首次提出和确立了"山药蛋派"在文学界的地位。人们常说,山西的作家都起步在《山西文学》,而李国涛先生执掌《山西文学》期间,正是《山西文学》最美好的年华,几代作家由《山西文学》出发驶入快车道,几代作家敬重他,视他为师长。《山西文学》合着时代的节拍,走过了20世纪80年代那个一度辉煌的时代,刊物发行量达到创纪录的15万册,前所未有。李国涛先生创立的一个小栏目"编稿手记",就是要编辑对稿子说些自己的看法。并且,他以望成、祝文茂、牛力耕、于一木、徐漫之等笔名写了很多编稿手记,短小精悍,随意点染,收画龙点睛之妙。以至于每一期的"编稿手记"成为《山西文学》的一道风景,配小说或诗歌或评论那叫点石成金,赏心悦目,为读者期盼。

正像李国涛先生所说:"我在《汾水》和《山西文学》做编辑工作的时候,常有一些偶然产生的感想。这些感想,大都是由于看稿、改稿、编稿而引起的。这些感想,有时也还有点意思。要把这点意思写成评论或随笔来发表也未尝不可,但是自己没有这样从容的时间,刊物也没有这样从容的篇幅。所以我就想出'编稿手记'这样的小栏目。""这些小文章,有时向读者谈谈,有时又向作者谈谈,有时就诉说点编者自己的心情。""所言都无高论,然而皆系实话;每则大都仅仅三五百字,所以必须少说废话;又欲引起读者的兴味去读有关的作品,就力求写得有点趣味。""我甚至觉得,编辑在编稿过程中的一些随时的感想,对作者对读者往往都有可资借鉴的地方，因为编辑是第一个读者，读起来又较为细心。可惜不是每一位编辑都有写这类手记的兴趣和机会，这使许多编辑的许多好想法只在脑子里一闪，永不为他人所知。"李国涛先生创意和撰写"编稿手记"，并鼓励和指导编辑部同仁写作编稿心得体会，展现的是一位老编辑工作者的良苦用心和责任担当，也成为当年《山西文学》栏目内容的一大特色。

本书所辑收的篇目，即是李国涛先生主持《汾水》和《山西文学》期间，以望成、祝文茂、徐漫之、于一木、牛力耕等笔名发表的为作家作品敲边鼓，启迪作者和引导读者，文情并茂，独具个人风格的小文章。虽然已过三十年，不免留有时代气息的痕迹，也不失为收藏价值。愿读者喜欢。

应当说明的是，同一时期主持编务的前辈先生也写了许多篇"编稿手记"，此处不能收录，甚憾。

最后说明一点，作为代序的汪远平先生的《别具一格的"编稿手记"》，是当年发表在《山西文学》1981年第12期上的论文，现在一时不好与汪远平先生联系，谨致歉意和谢意。汪先生的远见卓识也使得我们后辈叹服。

舒晴　李伟

2016年6月22日